鲁东大学引进人才基金项目（WY2014018）资助

杨 晶 著

旅游在场体验的实证研究
LVYOU ZAICHANG TIYAN DE SHIZHENG YANJIU

中国财经出版传媒集团

经济科学出版社
Economic Science Press

图书在版编目（CIP）数据

旅游在场体验的实证研究／杨晶著．—北京：经
济科学出版社，2019.10
ISBN 978－7－5141－9311－4

Ⅰ．①旅…　Ⅱ．①杨…　Ⅲ．①旅游市场-市场营销学
-研究　Ⅳ．①F590.82

中国版本图书馆 CIP 数据核字（2018）第 098143 号

责任编辑：杜　鹏　刘　悦
责任校对：王苗苗
责任印制：邱　天

旅游在场体验的实证研究

杨　晶　著
经济科学出版社出版、发行　新华书店经销
社址：北京市海淀区阜成路甲 28 号　邮编：100142
编辑部电话：010-88191441　发行部电话：010-88191522
网址：www. esp. com. cn
电子邮件：esp@ esp. com. cn
天猫网店：经济科学出版社旗舰店
网址：http：//jjkxcbs. tmall. com
固安华明印业有限公司印装
710×1000　16 开　11.25 印张　210 000 字
2019 年 11 月第 1 版　2019 年 11 月第 1 次印刷
ISBN 978－7－5141－9311－4　定价：49.00 元
（图书出现印装问题，本社负责调换。电话：010－88191510）
（版权所有　侵权必究　打击盗版　举报热线：010－88191661
QQ：2242791300　营销中心电话：010－88191537
电子邮箱：dbts@ esp. com. cn）

前　言

随着 Pine & Gilmore（1998）提出"体验经济"一词，并将"体验经济"作为劳动、产品和服务之外的第四种经济形态加以强调后，国内外学者对于体验、顾客体验以及旅游体验的研究层出不穷。伴随着旅游在全国范围内的大规模兴起，旅游体验也成为旅游者自身、旅游企业以及相关学者们所切实关心的话题。旅游者期望能够从购买的旅游产品中获得更多的深刻体验，旅游企业期望通过营造高品质的旅游体验而获得更多的市场青睐，而学者们也力图通过旅游活动对旅游体验的本质、意义进行进一步的窥探。无论是在学术界还是在业界，对旅游体验深入的探讨和研究不仅在于借助各种视角对其进行剖析，更意味着可以在现实层面上帮助旅游企业把握旅游者的体验需求、打造更高品质的旅游产品以及拓展更多旅游服务和旅游开发中的侧重点。

本书主要围绕旅游在场体验的影响因素展开，通过对坎特的交互行为场理论、情境理论和"刺激—机体—反应"等理论的整合，对旅游在场体验进行研究。本书研究的主要意义在于：（1）对旅游在场体验的多种基础理论进行整合研究，构建了基于交互行为场理论的旅游在场体验影响因素模型，并对真实性、情境、旅游媒介、过往经历等影响因素进行创新性探索；（2）考察了"存在主义真实性"与旅游在场体验的关系，证实其对旅游在场体验的影响作用；（3）构建旅游在场体验、过往旅游经历和个体情绪间的影响因素的交互作用模型，揭示了三者间的交互影响作用；（4）对比分析了团队游客和自助游游客的旅游在场体验影响因素的感知差异。

通过团队游客和自助游游客的实证分析，本书得出了以下结论：（1）旅游情绪作为中介变量，既受到其他因素的影响，又对旅游者在场体验产生影响；（2）真实性会影响自助游游客的教育体验和愉悦体验，同时影响团队游客的逃逸体验和愉悦体验；（3）旅游在场体验对个体情绪和过往体验经历的回忆都具有显著的影响作用，验证了旅游在场体验影响因素间交互作用的存在；（4）正式旅游媒介对团队游客的在场体验和情绪产生显著的影响，对自助游游客的影响作用较弱;(5)团队游客受正式旅游媒介的影响更强,而自助游游客对于非正式旅游媒介的认可程度显著高于团队游客;(6)通过组间 T 检验,发现两类游客对情境要素、真实性和旅游情绪的感知存在显著差异。

本书是在作者博士毕业论文的基础上修订而成,借此由衷感谢在我攻读博士阶段和美国访学期间,厦门大学的黄福才教授、林德荣教授、魏敏教授、张进福副教授以及美国俄克拉荷马州立大学的屈海林教授等对我无微不至的关心和帮助,各位老师躬身践行为我树立了严谨治学的典范;感谢同门王纯阳、粟陆军、陈伍香、徐锐、郭安禧、朱亮等对我学业上的帮助和支持;感谢我的家人在我求学过程中默默地支持和鼓励;特别感谢鲁东大学商学院的曹艳英教授,在我博士毕业入职后对我的科研和教学工作给予了莫大帮助和指导。

本书在写作过程中参考了大量中外学者的研究成果,对各位学者表示衷心的感谢!本书的内容难免存在偏颇和不足,望读者们不吝指教,使其更为完善。

作者

2019 年 2 月

目　　录

第一篇　理论分析

第二篇　实证分析

第一篇　理论分析

第一章

旅游体验

第一节　旅游体验的概述

一、体验

　　体验是一个错综复杂的概念，不同研究背景和关注点的学者对于体验的界定也是截然不同的，Csikszentmihalyi 的流体验概念是从心理学的角度出发，胡塞尔的体验是基于现象学的视角，而以体验经济出名的 Pine 等人的体验则侧重于经济学的研究。无论学者们对于体验的概念如何不同，但其都认为体验是人们能意识到并且渴望追求的内心感受，而体验这一概念小到个体自身、大到企业经济都不容再被漠视，因此体验必然受到了学者和业界的普遍关注。

　　体验一词最早进入研究领域可以追溯到 Csikszentmihalyi 于 1977 年提出的流体验一词，在 Csikszentmihalyi 看来，流体验并非是个体体验的全称，而是指个体体验中的最佳层次，流体验具体是指"个体完全投入某种活动的整体感觉"①，即"他们完全被所做的事深深吸引，心情非常愉快，同时感觉时间过得很快"②。在 Csikszentmihalyi 看来，流体验具有八个要素，分别为清晰的目标、及时反馈、专注于某事、失去自我意识、个体的旅游体验目的、个体技能与任务的匹配程度、潜在控制感和时间变化。Csikszentmihalyi（1990）对于"流体验"又进行了深入的描述，认为流体验带给人们的是一种集中的满足感，一种放松、沉浸其中的享受，它可以历久弥新，甚至是变成个体记忆中的一座里程碑。因此，流体验的状态涉及自我意识的失去、时间失真和体验目的性（Novak, Hoffmandl &

---

① Csikszentmihalyi. Beyond Boredom and Anxiety [M]. San Francisco：Jossey Bass, 1977.

② 温韬. 顾客体验对服务品牌权益的影响 [D]. 大连理工大学博士论文, 2007.

Yung, 2000)。

"体验"在胡塞尔（1986）现象学中是一个重要概念，它的范围很广，指某种心理的东西（但不能等同于心理学的体验）、内在的东西，所有的内在生活，它基本上相当于胡塞尔所说的现象。胡塞尔认为，意识是由许许多多的体验组成的，它的种类很多，有经验体验、认识体验，其中包括听、说、看、触摸、痛苦、快乐、爱、恨等各种体验。

苏联的著名心理学家瓦西留克（1989）在其著作中提出，体验是一种旨在恢复精神的平衡过程，恢复已丧失的对存在的理解力。同时，体验是个人的经验过程及其结果，"永远是自己也只能是自己才能体验所发生的事情以及产生危机的那些生活环境和变化"，别人无法代替；另外，"体验的过程是可以在一定程度上驾驭的，创造良好的条件努力使这一过程按我们的理想达到使个性成长与完善的目标，至少是不要转向病态的或社会所不容许的道路"①。

而"体验"一词真正被人们大规模的熟知是源于 Pine & Gilmore 提出的体验经济这一概念，Pine & Gilmore（1998）认为，"体验是当一个人达到情绪、体力、智力甚至精神的某一特定水平时，他意识中所产生的美好感觉，体验是使每个人以个性化的方式参与到特定的事件"②。Pine & Gilmore（1998）针对服务业发展中遇到的"瓶颈"，认为随着服务业的劳动生产率增长的缓慢出现，一种新型的经济提供物孕育产生，而这种经济提供物在 Pine & Gilmore 看来，便是体验。作者在其书中写道，"体验与服务的差别就好像服务于商品的差别，企业应当提供给客户身在其中并且难以忘怀的体验"③。Pine 对于体验的界定更多的是从企业和市场的角度来看待，他认为"在体验经济之下，企业成了舞台的提供者，在它们精心设计制作的舞台上，消费者开始自己的、唯一的，并且值得回忆的表演"。

范秀成（2006）等则将体验界定为一种主观认知的心理反应，这种心理反应不仅仅涉及个体的情感，还与个体随后的主观认知、自我思考甚至是行动有关，体验是个体对所经历事件等作出的综合性评价。同时在对体验的界定中也提及了对体验产生影响的部分因素，如消费者已有的知识或者是经验。范秀成的结论在一定程度上将体验内涵进行了扩展，将其由 Csikszentmihalyi 流体验的一种状态延

---

① E. 瓦西留克著，黄明等译. 体验心理学［M］. 北京：中国人民大学出版社，1989.

②③ B. 约瑟夫·派恩，詹姆斯·H. 吉尔摩著，夏业良，鲁炜等译. 体验经济［M］. 北京：机械工业出版社，2008.

伸至思考、认知和行为等方面。

国内外学者对于体验的界定因其研究的视角不同而存在一定的差异，Csikszentmihalyi 的流体验侧重于心理状态的描述，胡塞尔的研究则体现了体验的意识本质以及体验的各种分类，Pine 认为，体验是一种经济学框架下区别于劳动和服务的特殊提供物，而范秀成对于体验的界定则更多强调了体验是一种评价的结果和感知。因为各个学者对于体验的界定范畴的不同也就导致了体验本身概念的非一致化，而体验的界定对于后续的体验测量和影响因素的分析是十分重要的，如表1-1所示。

表1-1　　　　　　　　　　　　体验的不同定义

名称	流体验（心理学）	体验（心理学）	体验经济（经济学）	战略体验模块（营销学）	体验（旅游）	体验（营销学）
学者	Csikszen-tmiha-lyi（1977）	瓦西留克（1989）	Pine & Gilmore（1998）	Schmitt（1999）	谢彦君（1999）	范秀成（2006）
体验定义	流体验指最优体验的过程，是个体完全投入某种活动的整体感觉	一种旨在恢复精神的平衡过程，恢复已丧失的对存在的理解力，体验是个人的经验过程及其结果	是当一个人达到情绪、体力、智力甚至精神的某一特定水平时，他意识中所产生的美好感觉	由消费所获得的产品和服务构成，感官体验、情感体验、思考体验、行动体验和关联体验等	旅游世界中的旅游者在与其当下情境深度融合时的一种身心一体的畅爽感受，是旅游者内在心理活动与旅游客体所呈现的表面形态和深刻含义之间相互作用后的结果	是消费者基于已有知识或经验，对现场亲身经历所作出的感觉和评价，涉及情感、认知、思考、行为等一系列心理反应

资料来源：根据相关资料整理。

对于体验的界定，Csikszentmihaly & Pine 与胡塞尔更倾向认为是一种个体的美好感知和主观状态，它并不掺杂着个体对于沉浸于某种状态之后的主观评价和价值判定，故从这个角度来看，体验是一种单纯的个体感知，它不包含个体对这种感知的后续评定；而范秀成、瓦西留克和谢彦君等则认为体验是一种评价结果，是个体对所经历事物感知后的一种总结，其不单纯是一种感性获得，而是涉及理性思考和价值评判的过程，从这个角度来看，个体体验是一种复杂的心理活动。针对体验的多种界定，为了更好地圈定研究范围，本书借鉴 Csikszentmihaly 等的体验定义并研究国外学者对于体验研究的相关量表认为，体验是一种当个体的情绪、体力、智力、精神等达到某一特定水平时其意识中所产生的美好感觉，而这种感觉的最高境界是 Csikszentmihaly 所认为的"个体完全投入某种活动的整体感觉，完全被所做的事深深吸引，心情非常愉快并且感觉时间过得很快"的一种状态，而这一概念的界定也是后续研究中将旅游体验和旅游满意度、旅游体验质量等概念进行区分的基础。

二、顾客体验

旅游体验是从顾客体验中逐渐演化分离出来的，因此，对于旅游体验的研究更多的源于顾客体验的相关研究成果，西方学者对于顾客体验的研究主要是从经济学、管理学和心理学的角度开展的。

（一）顾客体验

学者们（Carbone，1994；Schmitt，1999；Colin Shaw，2002；Christopher Meryer，2007）给出了不同的定义，而定义的侧重点也不尽相同。Carbone（1994）认为顾客体验是一种自我感知；Colin Shaw & JohnIvens（2002）认为顾客体验是个体的主观评估；而 Schmitt（1999）从顾客交易的角度对顾客体验进行研究，同时认为交易中顾客接受的服务于产品是顾客体验的重要组成部分；Christopher Meryer & Andre Schwager（2007）对于顾客体验的界定和 Carbone（1994）有相似之处，即认为都是个体对于外部刺激的一种主观反应。

这些学者对于顾客体验的定义中，不仅包含了顾客体验的本质认知，还涉及顾客体验的维度、影响顾客体验的因素以及顾客体验形成的过程。例如，Carbone 强调了顾客体验形成是一个累积的过程，其产生于顾客在购买、使用、保养、了解某一产品或享受某一服务的过程中；Schmitt（1999）除了对顾客体验进行了战略模块的划分外，也强调了顾客体验受到个体感官、直觉、情绪、个体智力、思维等多种综合性因素的影响；Colin Shaw & JohnIvens（2002）认为顾客体验本身是一种对比结果，即个体对比期望和现实感受后产生的评价，这种评价会受到企业提供产品的效用和情感传递等因素的影响；Christopher Meryer et al.（2007）则划分了影响顾客体验的各种因素维度，即分为直接接触影响因素和间接接触影响因素，前者主要包括顾客购买产品、使用产品或享受服务所面临的各种接触，后者主要体现在个体间接受到各种舆论、广告、他人推荐或者公司品牌代表等影响的接触。

除了国外学者对顾客体验进行了概念化的研究外，国内学者也对其进行了不同程度的探索。朱世平（2003）认为顾客体验是个体的内在需要，而这种个体需要的实现离不开顾客与产品（服务）提供商之间的互动沟通行为。温韬（2007）对于顾客体验的界定与 Christopher Meryer 等的结论相似，其认为顾客体验是个体的感知或情感反应。刘建新、孙明贵（2006）认为顾客体验是"在个性化方式参与的消费事件或过程中，顾客在商品或服务消费趋于饱和后所形成的期待的、美妙的、难忘的感性与理性感受"①。值得一提的是，刘建新、孙明贵（2006）不仅将顾客体验看作一种个体针对外部刺激所作出的反应，还认为顾客体验是多种事物的集合体，其包含了顾客购买的产品、服务或者是其感受到的周围环境氛围。

（二）顾客体验的分类

顾客体验是营销学和管理学中的重要概念，其着重研究了顾客在购买服务产品的过程中所获得独一无二的感知，其也受到了诸多因素的影响，同时顾客体验也并非单纯地指代某一种感知，国内外学者均认为顾客体验是具有多重维度的，如表1-2所示。

表1-2　　　　　　　　　　　　顾客体验的维度比较

研究者	Julie E. Otto (1996)	Pine & Gilmore (1998)	Schmitt (1999)	Grace & O'Cass (2004)	李建州、范秀成 (2006)
体验维度	享乐体验、精神宁静、涉入、认知	教育体验、审美体验、遁世体验、娱乐体验	感官体验、情感体验、思考体验、行动体验、关联体验	核心服务体验、员工服务体验和服务环境体验	功能体验、情感体验和社会体验
划分标准	主观反映	顾客参与度	企业战略选择	营销学	服务类型

资料来源：根据相关资料整理。

Julie E. Otto & J. R. Brent Ritchie（1996）专门针对旅游业顾客体验进行了实证研究，在实证研究的过程中为了进行体验的测定，Julie E. Otto设计了相关的测量量表，并对体验进行了多维度的划分，其认为旅游体验应包括享乐体验、寻求精神宁静的体验、参与体验和个体的认知体验等。

Pine & Gilmore（1998）根据个体参与体验的程度以及体验与环境的相关性，将体验划分为教育体验、审美体验、遁世体验、娱乐体验，其认为娱乐体验可以改变个体的世界观，教育体验能驱使个体重新思考如何适应世界，逃避体验则是把个人能力和品质提升到了新的境界，审美体验感染个体对奇迹、美丽和欣赏的感觉。而Pine特别强调这四种体验的交点是最佳体验（因为其满足了顾客的情感需求），而提供体验的企业应通过模糊这种体验的界限来提升体验的真实性，即最丰富的体验应包含这四个领域的每个部分，如图1-1所示，处于体验框架的中心"甜美的亮点"。

---

① 刘建新，孙明贵. 顾客体验的形成机理与体验营销［J］. 财经论丛，2006（3）：95-101.

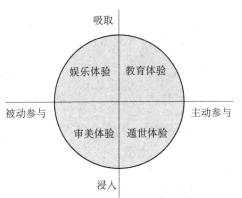

图1-1 Pine & Gilmore 的体验类型

资料来源：Pine, Gilmore 著，夏业良等译. 体验经济（第二版）［M］. 北京：机械工业出版社，2008：34.

Schmitt（1999）将体验划分为感官体验、情感体验、思考体验、行动体验和关联体验等，其称之为体验战略模块，而这五种体验也是由浅及深、由感知到外显行为最后到个体理性感知的过程，与其说是对顾客体验的一种分类，不如称其为顾客体验的构建和深入的过程。

Grace & O'Cass（2004）研究了服务体验与顾客消费后的评价之间的关系，并将服务体验分为核心服务体验、员工服务体验和服务环境体验三个维度。对于服务，Grace 认为其是一种感性上的感觉，而顾客体验是一种顾客的感觉，其属于顾客的感性范畴，是企业营销活动带来的结果。

李建州、范秀成（2006）将顾客体验分为三个维度，分别为服务体验、社会体验和情感体验，而这三个体验维度本身又具有二级子维度，例如，功能体验中就包含了服务环境体验、员工服务体验和服务产品等多种体验。范秀成等（2006）对于功能体验的阐述与 Grace & O'Cass（2004）的研究相似，后者也提出服务体验则包含核心服务体验、员工服务体验和服务环境体验三个维度。张红明（2005）认为体验分为感官体验、情感体验、成就体验、精神体验和心灵体验。

三、旅游体验

（一）旅游体验的界定

Cohen（2000）认为旅游体验可以被描述成个体的内心状态，它是由一些个体的偶遇、经历而触发的。

Carlson R.（1997）认为，旅游体验是指在意识形态中的一种持续的思维和感知流，其往往通过复杂的心理、社会和认知的交互过程而产生。

Myunghwa Kang（2012）、Urry（1990）强调旅游体验是通过一系列的感知，例如听觉、味觉、嗅觉和视觉等而产生的心理状态，而这个过程有与相应的社会和文化相关。

Gayle Jenning & Norman（2006）强调旅游体验是一个综合性的概念，它可以涉及一个过程或者一种结果（状态的结果）。与 Gayle Jenning（2006）等的观点相似，有些学者认为体验不是某一种瞬间的感知，而是一种长时间过程的沉淀。例如，Jennings（1997）、Killion（1992）和 Clawson（1963）认为体验是一系列的过程，其涉及了旅游的预期（anticipation）、计划（planning）、前往（travel to）、在场活动（on-site）、返回（return travel）和回忆（recollection）。

此外，学者也从旅游体验的最终目的对旅游体验的内涵进行了全方位的阐述。Vallee（1987）提出"旅游体验是朝圣的结果，旅游者在此过程中企图获得的是比仅仅停留在目的地更为丰厚的内心感知"。MacCannell（1976）提及旅游体验是一种对于真实的追求；Cohen（1979）将旅游体验界定为对于中心的追求；而 Meyersohn（1981）认为，旅游体验是对于"意义"的追求；而 Przeclawski（1985）认为旅游体验是对于价值的追求。

Lis P. & Daniel R.（2009）提出旅游体验是一个社会化结构的概念，其意味着旅游体验是与各种社会、环境的演化物以及旅游活动所有构成等密切相关的。

旅游体验的定义涉及了对新奇和异域事物的追求（Cohen，1972、1979），是一种对"真实"的宗教信仰的追求（MacCannell，1973）或者暂时的离开居住地前往其他地方去体验改变（Smith，1978）。Moutinho（1987）、Swarbrooke & Horner（1999）和 Woodside et al.（2000）从市场营销和管理学的角度，将旅游体验界定为一种顾客体验。

谢彦君（1999，2004）对旅游体验的概念进行了深入的研究，认为"旅游体验是旅游个体与外部世界取得暂时性的联系从而改变其心理水平并调整其心理结构的过程，是旅游者的内在心理活动与旅游客体所呈现的表面形态和深刻含义之间相互交流、相互作用后的结果，是借助于观赏、交往、模仿和消费等活动方式实现的一个序时过程"[①]。随后其对于旅游体验进一步作出明确，"指旅游世界中的旅游者在与其当下情境深度融合时的一种身心一体的畅爽感受，这种感受是旅游者内在心理活动与旅游客体所呈现的表面形态和深刻含义之间相互交流或相互作用后的结果"。对于旅游体验的概念，谢彦君强调应注重四点，首先，旅游体验是个体与外部世界的暂时性联系，目的在于获得一种心理感受；其次，旅游体验的本质在于主体与客体之间的交流和相互作用；再次，旅游体验是通过观赏、游玩、模仿、消费等来实现的；最后，旅游体验是以追求愉悦为根本目的。[②]

---

① 谢彦君．基础旅游学（第二版）［M］．北京：中国旅游出版社，2004.
② 谢彦君．旅游体验研究——走向实证科学［M］．北京：中国旅游出版社，2010.

龙江智（2005）认为旅游体验是个人以旅游场作为剧场所进行的一种短暂休闲体验活动。而这种活动受到个人心理需求和旅游动机、旅游场的驱动，通过旅游者离开常住地前往旅游目的地，在旅游目的地游玩和返回常住地来实现。

杨春蓉（2010）给出定义"旅游体验是指旅游者在旅游过程中获得旅游需要的满足程度，这种满足程度是旅游者动机和行为与旅游地所呈现的景观、产品以及旅游设施与服务之间相互所用的结果"[1]。

综上所述，国内外的学者对于旅游体验的界定是基于不同的理论基础和视角展开的，旅游体验这一概念从心理学的视角来看是一种心里的状态或者个体的主观感知；从人类学的角度来看其又是一种宗教信仰式的真实性追求，其与虔诚者的朝圣行为有着或多或少的联系；而从市场营销的领域来看旅游体验不过是旅游者基于交易行为而获得一种顾客体验感知。此外，从过程论的角度研究旅游体验，其又是旅游者的一个历程而不是瞬间的感知，其始终贯穿于旅游活动的全过程。对于旅游体验的界定和体验一样也是存在着一定的分歧，即体验到底是一种美好的心理状态还是一种包含理性判断的个体感知。但是，对于体验与旅游体验的界定，学者们还是考虑到旅游活动的历程性，即将其看作一个往返和停留的过程，因此，旅游体验不单看作一次活动的结果，而是可以将其分为各个不同阶段的心理状态和感知。故针对这一点，本书侧重于选择旅游体验中某一阶段的游客体验进行研究，从而有针对性地研究特定环节旅游者体验的相关问题。

（二）旅游在场体验的界定

Clawson & Knetch（1969）在针对旅游体验的研究中提出了旅游体验具有一定的历程性，并建立了环境、社会、旅游者行为的关系，借此对旅游者体验提出了五个概念化的阶段，分别为将旅游体验分为"预期阶段（anticipated phase）、去程（travel）、现场活动（on-site activities）、回程（return travel）和回忆（recollection phase）五个阶段"[2]，其中，其对于"旅游在场"体验的描述为：发生在某一景点或目的地区域内的旅游体验。而 Driver B. L. & Toucher R. C.（1970）对于旅游体验的历程进行了详细的界定。其中，"预期阶段"是游客前往旅游目的地的阶段，在这个阶段旅游者主要进行信息收集，从而对要进行的各项旅游活动开展计划与购买决策的处理；"去程"是指旅游者前往旅游目的地的阶段，这

---

① 杨春蓉. 成都市宽窄巷子旅游体验实证分析 [J]. 西南民族大学学报（人文社科版），2010（9）：158 - 162.

② Clawon, M., Knetschy, J. L. Alternatives method of estimating future use [J]. Economics of Ourdoor Recreation, 1969, 21（7）：36.

段时间内旅游者必须付出时间和金钱成本，并通过一定的交通工具完成；"现场活动"阶段是指旅游者到达旅游目的地直至离开该目的地的过程，Driver & Toucher 认为这是旅游者体验主要发生的阶段；回程是与去程阶段是相对应的阶段，是旅游者离开旅游目的地返回到客源地的过程；而"回忆阶段"是旅游者在原居地经历的过程，其主要涉及旅游者对于已发生的各种旅游体验的回忆，通过回忆阶段旅游者形成一定的旅游经验和决策经验[1]。参考 Csikszentmihalyi (1977) 体验的相关定义并结合旅游体验的历程论，本书将旅游在场体验界定为：旅游者发生在某一景点或目的地区域内的旅游体验，是旅游者在景点或目的地范围内当个体的情绪、体力、智力、精神等达到某一特定水平时，其意识中所产生的美好感觉。

（三）旅游体验的分类

旅游体验的分类基本从两个角度进行：一是旅游体验的过程理论；二是旅游体验的类型分类。这种旅游体验类型划分的分类方法从行为的角度来看是与旅游者的旅游动机密切相关的，因此，很多学者也从旅游动机的角度对旅游者的体验进行了相关的划分，如表 1 - 3 所示。

表 1 - 3　　　　　　　　　　　　旅游体验的分类比较

学者	旅游体验分类
Clawson & Knetch （1966）	预期阶段、去程、现场活动、回程和回忆
Driver B. L & Toucher R. C. （1970）	预期、去程、现场活动、回程、回忆
Shuai Quan & Ning Wang （2004）	高峰体验（peak-experience）支持性体验（support-experience）
Myunghwa Kang、Ulrike Gretzel （2012）	教育、逃逸、愉悦
谢彦君 （1999）	补偿性旅游体验、遁世性旅游体验、认知性旅游体验、另类色彩的极端旅游体验
邹统钎 （2003）	娱乐、教育、逃避、审美与移情
孙根年 （2008）	高峰旅游体验、辅助旅游体验

资料来源：根据相关资料整理。

Shuai Quan & Ning Wang （2004）认为，单纯地从心理学、社会学、现象学的角度看待旅游会导致研究者对旅游体验产生偏见，因此，他们将体验分为了"高峰体验"（peak-experience）和"支持性体验"（support-experience），并以美食旅游为例论述了两者之间的转化，提出了要依据具体的环境来界定食品消费归

---

[1]　Driver B. L.，Toucher. R. C. Toward a behavioral interpretation of recreational engagements, with implications for planning. Element of Outdorr Recreation Planning [M]. Michigan：University of Michigan, 1970.

属于何种体验类型，重新构架了旅游体验的结构化模型。

B. Joseph Pine，James. H. Gilmore（1999）提出了企业应针对顾客体验进行战略体验模块划分，战略体验模块分为感官体验（强调）、情感体验、思考体验、行动体验和关联体验。感官体验意图在于为顾客创造直觉体验和感受，在实施过程中，企业应着重创造视觉、听觉、味觉、触觉等，强化对顾客的刺激；情感体验通过营造相关的场景和服务环境，诱发顾客的内在情绪和情感；思考体验是通过一定的新奇性等创意性思考，引起顾客对知识的追求，并启发其创造性认知；而行动体验是通过体验的获得进一步地引导和规范顾客的行为方式；关联体验是综合性的战略体验策略，其通过凝和以上四种战略体验策略，实现顾客个人价值实现、社会认知等方面的需求，进而成为企业特定的体验消费群体。

谢彦君在《旅游体验研究：一种现象学的视角》一书中提出，旅游体验可以分为结构张力下的补偿性旅游体验、寻找精神家园的遁世性旅游体验、认知性旅游体验、另类色彩的极端旅游体验。同时，其指出旅游体验行为对社会个体情感和精神世界具有双重价值，而旅游体验的类型既可以作为目的，也可以作为手段，但是最终的意义上是为了追求愉悦。

邹统钎（2003）认为体验可以分为五种，除了娱乐（entertainment）、教育（education）、逃避（escape）与审美（estheticism）等传统旅游体验上的"4E"分类外，还应加入移情（empathy）这一类型。

贾英、孙根年（2008）将旅游体验依据旅游的六大因素和旅游者旅游动机，划分为高峰旅游体验（peak tourist experience）和辅助旅游体验（supporting tourist experience），并将游览体验和娱乐体验作为高峰体验，交通、食宿、购物体验作为辅助体验。

龙江智（2005）针对旅游的本质，将旅游体验按照过程分为三个阶段，分别为旅游体验的产生和旅游期望的形成阶段、旅游体验进行阶段、旅游体验质量评价和体验影响阶段。龙江智体验过程分类与前文的旅游体验过程分类有相似之处，但其认为这三个阶段是存在交叉状态，同时其参照旅游者旅游体验的心理需求将各种旅游体验类型与旅游体验需求进行了相应的匹配。

周广鹏、余志远（2011）认为旅游体验是一种过程论，通过对于"旅游凝视"和"旅游朝圣"的阐释，将其定义为旅游体验的起点和终点。真正的旅游体验并非来自旅游决策之初，而进入目的地后通过视觉进行"旅游凝视"时才是旅游体验的开始，旅游最后都是要得到一种精神的升华，而"旅游朝圣"体现了这种旅游者内心变化的过程，故"旅游朝圣"可以作为旅游体验的终点。

陈建勋（2005）以顾客参与的主动性程度和体验线索对顾客的影响这两个维度来划分旅游者体验的不同层次。针对不同的体验类型，依据生命周期理论将旅游体验划分为"体验导入期""体验成长期""体验成熟期"和"体验衰退期"。

李晓琴（2006）认为旅游体验可以根据其核心内容分为四种。首先是通过旅游活动使情感受到影响或震动的"情感体验"，这类体验是一种最普遍、最有可能出现的旅游体验；其次是"知识体验"，通过旅游获取一些新的信息知识，接触到一些新鲜事物的旅游者体验类型；再次是"实践体验"，旅游者一般通过旅游活动中的某些技能（如登山等体育项目）得到这类体验；最后是"转变经历"，即通过一系列的旅游活动使其自身思想、身体或者生活方式在某种程度上发生转变的旅游体验。

李建标等（2009）认为，按照不同的标准，体验的目的可以分为两求（即求补偿与求解脱）和三感（亲切感、自豪感和新鲜感）以及四类（娱乐、教育、逃逸、审美），从目的上对旅游体验的分类进行界定。

佟静、张丽华（2010）认为，旅游体验具有一定的层次性，将旅游者的体验划分为初级体验、失衡体验、一般体验、形式体验及最佳体验五个层次。

除了对旅游体验的各种类型进行划分外，有些学者也格外的关注某一特定类型的旅游体验。Pearce（2005）和Ryan（1997）提出旅游体验中的重要维度之一是学习体验，其是指旅游者通过得到新事物知识、获得一定技能的体验。这一体验也被Pine & Gilmore（1998）界定为旅游体验中非常重要的一种体验维度，同时Oh Fiore & Miyoung（2007）也格外强调学习体验这一维度应列入对旅游体验的测量之中。Davis，Bagozzi & Warshaw（1992）等认为，享受体验是体验中的一种特殊的类型，是指一种愉悦和享受的旅游体验，这一体验明显地区别于功利性价值的旅游体验。MacCannell（1976）、Pearce（2005）及Urry（1990）也专门针对旅游者离开常住地前往异地的这种旅游活动进行研究，并提出旅游体验中包含逃逸体验，指旅游者沉浸在目的地的环境中，从而远离了日常生活的压力。

第二节 旅游体验及相关概念辨析

国内外学者对于旅游体验的研究硕果累累，但是，笔者也发现，由于对于旅游体验的界定和研究视角不同，导致旅游体验的概念模糊化，使得很多研究偏离了旅游体验的内涵而更倾向于旅游满意度、旅游质量的研究。若要进行旅游在场体验影响因素的探讨，要先对旅游在场体验的原始概念即旅游体验进行一定的辨析，否则基础概念的混淆和含糊不清会导致实证研究中问卷设计的偏离和研究结果的偏差，从而导致以旅游体验为目的的研究最终却以旅游体验满意度的问卷测量进行分析。因此，对旅游体验、旅游体验质量和旅游体验满意度的概念辨析有助于本书对旅游在场体验相关研究的深入开展，而基础概念之间的细致化区分也保证了本书研究对象的清晰化和研究结果的科学性。

一、旅游在场体验与旅游体验的概念辨析

旅游体验是一个综合性的概念，是指旅游者在旅游活动过程中，基于自身与客体的交互作用，从而产生的一种心理感知，"是借助于观赏、交往、模仿和消费等活动方式实现的一个序时过程"（谢彦君，1999）。国内外学者对旅游体验的概念表明，旅游体验是一种个人的主观感知同时也是一个历程性的感知，其并非单单存在一个时刻，而是贯穿于旅游者整个旅游活动中，是一个包括各个阶段旅游者个体感知的综合性概念。Clawson & Knetsch（1966）和 Driver B. L. & Toucher R. C.（1970）的研究表明，旅游体验可以进行阶段划分，可分为预期阶段、去程、在场活动、回程和回忆等阶段，而旅游在场体验是指旅游者发生在某一景点或目的地区域内的旅游体验，或指旅游者到达旅游目的地直至离开该目的地的过程。

以往研究表明，旅游在场体验是旅游体验的一个阶段，前者是后者的一个组成部分（甚至可以说是最为重要的组成的部分），因此，两者在概念的外延上存在一定的差异。从学术研究严谨性的角度来看，若是进行旅游体验的研究，研究者应进行旅游体验的划分，系统地对各个阶段进行相应的研究，这样才可以得到较为准确和科学的研究结果。而概括性地采用旅游体验这一概念进行旅游者在景区或景点内体验的研究会模糊研究对象，使得研究者无法依据研究对象的内涵和外延进行影响因素的选择，从而会导致选取的影响因素有可能与旅游者在场体验（景点景区内的旅游体验）关联度不大。值得一提的是，国外学者在旅游体验的研究中发现，旅游体验是一个动态变化的过程，即旅游者在参加旅游体验活动中其体验的状态是随着时间不同变化和不断被重构的。由此可见，旅游体验是一个过程化、动态化的概念，细化旅游体验阶段过程、有效区分旅游在场体验和旅游体验是十分必要的，对于旅游体验的研究应把握阶段性的特点，严格区分各个阶段间的差异和时序性，准确界定和选择某一阶段旅游体验进行研究，才可以得出具有针对性的研究结果。

二、旅游体验与旅游体验质量的辨析

旅游体验是旅游者一种生理和心理上的感知，如国外学者提出的高峰体验（peak-experience）和畅爽体验（flow-experience），其是一种精神和身体沉浸其中的状态。而"旅游体验质量"这一词汇在国外的研究中鲜有出现，国外学者倾向使用"tourim experience"一词来指代所研究对象，而在对旅游体验的测量中，国外学者对于旅游体验的测量量表，多是讲阐述各种旅游体验的感知，而国内有学者将旅游体验作为描述旅游体验质量高低的方法，因此，旅游体验和旅游体验质量的测量在国内外存在一定的差异，仅就旅游体验一词而言，其并非是一种体验质量的评估以及高低判断。再如，对比常用的概念"服务质量"一词，其是指顾客对具有普遍水平的服务提供商的服务实际的期望和其对该行业内某一具体企业的世界绩效的感知差距①。Gronroos 认为，服务质量是一个评价进程的结果，是顾客对比其所期望的服务和实际接收的服务。因而可以看出服务质量是一个感知评价的过程，其不可避免地涉及顾客自身的期望，其不单是对目前服务的感知，而是一种对比的差距结果。对于旅游体验质量的界定，学术界没有给出明确的概念，但根据服务质量的定义，我们可以探究到，旅游体验质量也应是旅游体验高低的一种测度指标，即旅游者对于旅游体验质量会更多地对比旅游者旅游前的期望，旅游者接受的服务等，是一种感知的判别过程。例如，朱晓辉（2010）将旅游期望作为旅游者体验质量评价的重要因素，针对前往海岛旅游游客进行旅游体验质量的相关研究，并发现旅游体验的评价会对旅游体验满意度产生影响，从而得到了旅游期望、旅游体验质量、体验满意度之间的连锁影响作用，这一结果显示旅游体验质量是与旅游期望有关。

目前国内对于旅游体验和旅游体验质量的研究中，学者未能对两个概念明确的界定和区分，而是将旅游体验等同于旅游体验质量。从前文的分析可知，旅游体验质量是一个评价的过程，而旅游体验是旅游者的直接主观感知，前者需要借助某一个参考标准进行了高低的评价，而后者则是旅游者某种心理状态或感知，其就是个体受到外界刺激和其他影响因素产生的反应结果，因此，本书借鉴了国外学者对于旅游体验的界定和测量量表的设计，对于旅游在场体验的界定更多的来自旅游体验这一概念，认为旅游体验描述的是旅游者沉浸其中所获得的一种主观状态而并非是价值判断。

---

① Parasuramanm, Zeithaml, Berry. A conceptual model of service quality and its implications for future research [J]. The Journal of Marketing, 1985, 49 (4): 41-50.

三、旅游体验与旅游满意度的辨析

旅游体验与旅游满意度之间存在着一定的差距。"满意"是旅游体验的结果（Ryan，1997）。其认为令人满意的体验是"需求与技能达到了匹配"，而失望则是产生于"期望和体验"之间的差异。旅游满意则属于一个更为广泛的范围，是对综合旅游活动整个链条上的各个细节进行一种综合性的评判。旅游满意不仅是他们的体验满意，而且与他们怎么被对待和在目的地接受的服务相关（Baker & Crompoton，2000），而旅游体验是旅游者的心理状态和主观感知，满意度和旅游体验无论是研究方法还是概念均存在一定的差异。例如，Tribe & Smith（1998）就提出了 HOLSAT 这个研究工具，通过期望性能分析来提高旅游者的度假满意度。对于旅游体验与旅游满意而言，前者是后者的影响因素之一，旅游满意度的高低会受到旅游者各种正面、负面情绪或者是体验的影响，例如，顾客的满意度可能受到服务环境、服务可靠性等因素的影响，因而满意度不再是单单受制于体验的一种感知。因此，顾客满意度和旅游体验是有着本质的差别，前者是一种综合评价的结果，而后者更倾向于一种心理状态和感知。我们对于旅游体验的考察应更多地基于旅游体验的类型（如愉悦体验、逃逸体验或教育体验）或者是"流体验"出发，更将旅游者在场体验作为的一种心理状态，而不是一种事后的综合评价。

Otto & Ritchie（1995）认为，个体体验显著地影响个体的满意度和顾客对于服务的评价，因此，从这个角度来看，个体体验并不等同于个体满意和体验质量评价，其与后两者存在一定的因果关系。而目前旅游体验的研究中，很多学者采用类似于满意度调查的方法，笔者认为还有待商榷。笔者认为，对于旅游体验内涵界定的不明确性以及满意度与旅游体验的混淆，导致了关于旅游体验的相关研究中出现了"您对于……是否满意"等问题。值得一提的是，这种不准确的问题会诱导旅游者对于旅游体验的评价更多基于"期望不一致"理论进行评判，即综合考虑自己最初的期望以及现实中购买服务后的感知。故本书在对旅游在场体验的界定和维度设计中，尽量避免出现是否满意的词汇，以免造成旅游者对自我体验状态的误导。

总之，对于旅游在场体验、旅游体验、旅游体验质量和旅游满意度概念的区分，对于本书研究旅游在场体验具有重要的作用，概念的清晰化可以使后文的相关研究和设计更具科学性、准确性，从而避免出现体验与满意度等混淆的问题出现。

本章小结

本章从体验的概念出发，对顾客体验、旅游体验及旅游在场体验相关的概念进行了一层层的细化分析，对比了不同学者的不同概念，并对旅游体验进行了类别的讨论，通过对旅游体验、旅游在场体验、旅游体验质量和旅游满意度等概念的介绍进一步辨析了常用概念间的区别与联系。

第二章

旅游体验影响因素及模型

第一节　旅游体验的影响因素

一、旅游媒介

Chris Ryan（1991）在关于旅游体验影响因素的研究中，曾提及关于旅游目的地居民、同游者等对于旅游者体验质量的影响，其格外指出"旅游体验影响因素的交互作用模型的核心在于对旅游地的感知和体验，以及在旅游地发生的互动行为。体验形成过程中的互动包括同其他旅游者、接触到的旅游从业人员以及目的地居民间的互动"①。国内对旅游媒介的研究较多，但研究者没有明确界定旅游媒介的概念，而是将导游、其他旅游者、当地居民等作为旅游者体验过程中存在的其他群体来进行研究，根据各自在旅游者旅游中的角色和发挥的作用进行研究。

（一）旅游媒介的分类

从国外学者对于旅游媒介的阐述来看，旅游媒介涉面极广，既可以包括个体、群体，又可以包括客观事物，既包括了直接与旅游者接触的人和事物又涉及了间接对旅游者体验造成影响的政府和管理机构。因此，对于旅游媒介的划分可以从不同的标准进行。从现有的研究结果来看，旅游者体验的媒介基本可以从两个视角进行划分：一个是按照其个体的属性划分；另一个是按照其在旅游体验中担任的角色划分。

20 世纪 80 年代，Cohen 提出了关于旅体验媒介的分类。其认为媒介分为两种：一种是"社会媒介（social mediating）"；另一种是"文化掮客（cultural bro-

---

① 刘会燕. 古村落旅游地互动仪式与旅游体验质量相关性分析——以柯林斯互动仪式链理论为基础 [J]. 湖北经济学院学报（人文社会科学版），2010，7（12）：63 – 65.

kering)"。Cohen 详细地阐述了"社会媒介"和"文化掮客"的内涵。社会媒介涉及了媒介者（go-between），是将旅游者和当地居民以及当地的旅游景点和基础设施联系起来，并使东道主的环境对旅游者不产生任何的威胁性。而"文化掮客"是文化的桥梁，其将旅游目的地的文化与旅游者联系起来，并使得"异域的旅游文化特异性变得对旅游者而言较为的熟悉"①。

对于中间媒介的分类，除了 Cohen 提出的"社会媒介"和"文化掮客"的划分外，Jennings & Weither（2006）认为，"在旅游者旅游体验的建构过程中，旅游者常常会雇用其他人（或者是其他非人的事物）为调节自我的旅游体验而服务……这些人包括了其他旅游者、旅游的供应商、政府、社区和本地团体……当然其中也包括了一些'非人化'媒介，例如，标志、设计、标志牌、图案、各种美学场景、人物场景和体验场景"②。因此，从这个角度来看，旅游媒介被详细地划分为"人物"媒介（personal mediator）和"非人物"媒介（non-personal mediator）。

Gurung et al.（1996）、Bras（2000）、Ap & Wong（2001）、Yu et al.（2001）对于旅游媒介的研究和划分则更多是从媒介担任的角色来进行。这些学者在其研究中都提及了将中间媒介分为正式媒介和非正式媒介的观点。Gurung et al.（1996）和 Bras（2000）认为，导游人员属于正式媒介，因为其能正式的承担中介的作用，例如，团队的组织，健康和安全的维护以及导游的作用。对于旅游体验中的媒介物而言，正式和非正式的区别在于，非正式媒介没有一个固定的名称或标记来定义他们为媒介者，他们所处的位置也不需要他们去承担媒介者的作用，因此，非正式媒介不需要进行相关的招聘、培训或者因做了媒介的工作而获得报酬③，正如 Chambers（1997）所提及，这些非正式的旅游媒介者是不会被关注或者是给予报酬的。而正式媒介之所以被称为正式是因为他们都是经过有目的的培训和招募的，而且在旅游者的旅游体验过程中是以正式的身份出现的，且其理所当然地要承担文化中介人的责任。Ap & Wong（2001）和 Yu et al.（2001）也特别以导游作为典范对于正式媒介进行阐释，"这些导游有可能是直接雇用于社区或公共机构，他们成年或数月的为旅游者介绍旅游景点，并担任着引导旅游

---

① Cohen, E. The tourist guide: the origins, structure and dynamics of a role [J]. Annals of Tourism Research. 1985, 12: 5 - 29.

② Jennings, G., B. Weiler. Mediating Meaning: Perspectives on Brokering Quality Tourism Experiences. In Quality Tourism Experiences [M]. Eds. Oxford: Elsevier Butterworth-Heinemann. 2006.

③ Gurung. G., Simmons, D., and P. Devlin. The evolving role of tourist guides: the nepali experience. In R. Butler and T. Hinch (Eds.), Tousim and Indigenous People [M]. United kingdom: InternationalThomson Bussiness, 107 - 128.

者保护旅游目的地或自然公园的责任……"①②。Jennings, G. (2006) 结合前人对于旅游体验媒介的划分, 详细地从旅游体验的过程角度对体验的角色重新进行了划分, 如表 2 - 1 所示。

表 2 - 1　　　　　　　　　　　旅游体验媒介的划分

角色的类型	计划和回忆阶段（访问前与访问后）	旅游往返的阶段	旅游在场的阶段
正式的媒介角色	旅行社, 旅游咨询公司; 政府的市场营销机构; 基于促销手段和事件的旅游运营机构的营销	导游人员	入住酒店的服务人员; 旅游者信息中心的员工及产品; 当地政府的旅游服务人员和产品; 旅游运营商的员工及产品; 导游人员（或地接人员）
非正式的媒介角色	朋友和亲属; 重游的旅游者; 非旅游目的地的信息服务人员; 大量的媒体; 旅游纪念品和照片	其他的酒店和旅游服务人员; 交通运营商和司机; 非旅游服务人员	其他的旅游者; 其他的酒店的人员; 当地社区的居民; 非旅游从业人员; 街景

资料来源: Jennings, G., B. Weiler. Mediating Meaning: Perspectives on Brokering Quality Tourism Experiences. In Quality Tourism Experiences [M]. Eds. Oxford: Elsevier Butterworth-Heinemann. 2006.

Jennings, G. (2006) 的旅游体验中的媒介划分标准, 沿用的是正式和非正式两个维度来对比, 同时又将旅游体验过程进行了阶段划分, 使其更加明确和细致。从中可以发现, 旅游体验的正式媒介和非正式媒介在不同阶段均是由不同的人物和事物担任的。

对于旅游体验核心阶段即 "旅游在场" 阶段, Jennings G. 认为, 正式媒介包括了一切与旅游者正式接触的旅游从业人员以及由这些人提供的旅游产品, 这些媒介的出现都在一定程度上搭建了旅游者与旅游目的地之间沟通的平台, 而且更好地为旅游者接触核心旅游产品（旅游者主要游玩的景点、景区）提供了帮助, 同时按照 Gurung (1996) 等的界定, 这些正式媒介均是专门从事旅游服务活动, 且以此维持自身的生计。值得一提的是, Jennings 划分的旅游在场体验中的非正式媒介明确地包含了 "旅游同游者" 和 "社区居民" 这两类人群, 这两类非正式媒介并非以向旅游者传递当地文化为职业和谋生手段, 但是两者始终介

① Ap J. & K. Wong. Case study on tour guiding: professionalism, issues an problems [J]. Tourism Management, 2001 (22): 551 - 56.

② Yu X., Weiler, B., S. Ham (2001). Intercultural communication and mediation: a framework for ananluzing intercultural competence of Chinese tour guides [J]. Journal of Vacation Marketing, 2001, 8 (1): 75 - 87.

入旅游者在场体验的过程中，通过某种自有的形式（如同游者与旅游者的相互沟通交流、当地居民的生活状态和对旅游者的态度）向旅游者传递着目的地的信息。因此，Jennings，G. 关于旅游媒介的分类对于研究和对比不同媒介在旅游体验中的作用意义非凡，也成为本书研究"旅游在场"体验中旅游媒介影响作用的重要理论依据。

如前文所述，旅游媒介包含了众多与旅游者相关的元素，正如 Gray Jennings & Betty Weither（2000）等所认为的，凡是那些对于旅游者体验具有一定贡献的个体都可以看作旅游媒介，如旅游者、旅游企业、政府机构、酒店雇员、东道主社区及其他。因为这些旅游体验的媒介都与一些群体有关，而他们正是通过这种全方位的方式直接或间接地整合在一起，对旅游者体验过程中的不同阶段实施自己的影响。因此本书认为，旅游媒介是一些参与到旅游者体验过程中，使旅游者了解所处的旅游情境、感受当地文化和事物、能够明确接收到旅游吸引物对其产生的各种刺激的所有人和事物的总和。

（二）旅游媒介对旅游体验的影响研究

学者们除了对旅游媒介的分类研究进行深刻的定性分析，在旅游媒介对旅游者旅游体验的影响作用方面也积累了大量的研究成果，本章节着重回顾了不同学者对于旅游媒介影响作用的研究成果，为后文旅游媒介的选择和研究提供有益的参考。

Schmitt（1999）曾肯定了"媒介"在体验营销中的重要作用，其认为体验营销正是借助于"体验媒介"的运作，为消费者提供了一个良好的消费体验情境，从而影响了消费者的后续行为。Ham（2002）对邮轮旅游者进行研究发现，邮轮旅游者对于导游的依赖性很高，而且这种依赖性进一步影响了旅游者的旅游体验，其进一步肯定了正式媒介"导游"在旅游体验中的重要影响作用。Morgan，M.（2006）研究证实了导游和当地居民虽然在旅游者体验中担任不同的角色，但均对旅游者的体验具有一定的正向影响作用。Weiler（2006）指出，旅游媒介无论正式的还是非正式的，都会对旅游者的旅游体验产生影响，这取决于旅游者类型和旅游者所处的旅游情境。Lis P.（2009）举例"旅游在场"媒介的典型代表导游，强调这一正式媒介将旅游者与旅游景区、旅游设施和东道主联系在一起。Suanna Curtin（2010）在针对由几个野生动物观赏的旅游者和一名专业生态旅游导游构成的群体进行调查发现，导游人员在旅游者的游玩体验中具有非常重要的作用，导游人员被形容为信息的提供者、知识储备库、探路者、群体领导者、文化掮客和娱乐人员。谢彦君（2010）从实证的角度对导游的话语模式进行了研究。实证研究表明，导游人员是影响旅游者体验质量的关键互动对象①，而不同类型的团队游客对于导游人员的评价和旅游者对于旅游体验质量的评价间存在显著的正相关作用。

除了传统意义上的媒介，多媒体和信息技术的发展进一步凸显了旅游媒介在旅游者体验层面上的影响作用。Tussyadiah & Fesenmaier（2009）进行了旅游者在线分享视频体验等实验，研究表明，多媒体的旅游体验媒介可以给予旅游者新奇感和幻想感，从而带给旅游者一定的精神愉悦同时带其回忆起过往的旅游体验记忆。Myunghwa & Ulrike（2012）研究了景区的广播对旅游者体验的影响，实证研究表明，景区内的宣传广播能够传达丰富的社会信息，提高游客的社会存在感和对景点及自身的留意感，进而提升旅游者的旅游体验和环境友好。

学者除了对一般认知中的旅游媒介（无论是导游还是物化的媒介）进行深入研究外，也有学者针对非正式媒介中的同游者展开了相关的实证研究。Jennings, G.（2006）格外强调了同游者（或称为同伴）在旅游者体验中的重要影响作用。在旅游体验尤其是旅游在场体验的过程中，同游者作为与旅游者同属性的人群，也是以一种游玩者和访问者的角色进入旅游目的地中，因此，相似的处境使得同游者与旅游者个体之间存在诸多的相同点，两者之间的互信度会比一般媒介给予旅游者的信任度要高。

Muchazondida Mikono（2012）通过旅游者对酒店的网络评价发现，旅游者普遍认为与其他旅游者之间的交流可以提升自身的体验满意度，同游者的态度、情绪以及游玩经验等会对其他旅游者产生深刻的影响。Arnould & Price（1993）在对于漂流旅游者体验的研究中发现，如果一个旅游者想获得超乎寻常旅游体验，其必须要与自然、朋友和家人甚至是陌生人交流才能够感受到自我的成长和重生。Jennings, G. & B. Weiler（2006）认为，同游者作为旅游者旅游体验活动中一个重要的非正式媒介，对旅游者的情绪以及旅游者体验有着重要的影响作用，例如，个体如果是陪同其他游客重游某地，则他们将成为其他人的一种媒介而影响其他人的同游质量。Anne Buchmann（2010）对于一个旅游者的访谈中写道，"我们的团体是一个紧密的群体，我们互相娱乐着对方，我们继续着一段奇幻的旅程……"②。这种交流不仅仅是一种互动，而是将个体

① 谢彦君等. 旅游体验研究——走向实证科学 [M]. 北京：中国旅游出版社, 2010.
② Anne Buchmann. Experiencing film tourism authenticity & fellowship [J]. Annals of Tourism Research, 2010 (37), 1：229-248.

相互捆绑起来并有助于为旅游者构建真实而难忘的旅游体验。Pearce（2005）针对旅游者与其他旅游者之间的关系进行研究，结论显示，旅游者之间的关系除了朋友和同伴等一般研究者认为的关系外，还存在保安、旅游背景、竞争者和打扰者等多重关系。因此，同游者的多重身份使其在旅游者旅游体验中扮演者重要的角色，而两者之间的多种复杂关系，也使得同游者对于旅游者而言不仅仅是单纯的同伴。

值得一提的是，对于某一个旅游媒介的着重研究，一方面使得对于这一媒介的研究较为深入细致；另一方面也会导致单一对象的研究过于偏重而忽略了不同旅游媒介间的对比研究。不同群体由于出游形式和需求不同导致其对于媒介的感知不同，例如，团队游客在旅游过程中更多地依赖于正式媒介，且漂泊者和探索者类型的旅游者在旅游过程中，更为侧重于非正式旅游媒介。因此，学者们对于某一类型的旅游者专门化研究会得出旅游媒介对于旅游体验的影响程度，但是，这种程度到底是强是弱，是普遍存在还是某一群体特有的，并没有得到验证。基于 Betty（2006）的观点以及目前旅游体验媒介的研究中存在的不足，笔者认为选择具有代表性的"正式"与"非正式"旅游媒介进行对比研究具有一定意义，可以更为深入地研究担任不同角色的旅游媒介在旅游者体验过程中的影响程度，同时参考团队游客和自助游游客对于不同旅游媒介依赖程度的差异，本书在媒介研究过程中引用多群体多样本类型对不同旅游者类型进行交叉式的分析，对比研究不同类型的旅游者对两种媒介刺激的不同反应，这样的研究则对于现实中不同群体的旅游服务提供具有一定的创新性和实际指导意义。

二、情境因素

（一）情境因素的概念、维度的研究

在目前国内外对于情境的研究中，情境要素主要是用于消费者行为的研究，西方最早对于情境因素的研究起源于 20 世纪 50 年代左右，西方学者借助情境要素开始针对消费者在各种情境中的反应进行研究，并进一步探讨了情境因素的各个维度对于消费者行为的具体影响，而由于研究者的研究视角不同导致了学者们对于情境定义和维度的研究也略有差别。

Volkart 于 1951 年对情境进行研究，认为情景要素的界定应与研究的主体相联系，即"人类的情境要素应是包括了既与观察者又和行动者都相关的各种因素……但是同时有些情境要素因为行动者而存在的，例如，行动者如何去感

知情境、对于行动者而言某些要素意味着什么等"①。Volkart 的研究强调了对于情境要素的界定应因主体的角色不同而有所差异,他强调以一种客观研究的方法去探讨情境要素的影响力。

Barker (1968) 发展了关于"行为背景"(behavior setting) 的理论,这一理论关注于情境要素中的物理特性和可观察的行为模式的研究,同时认为"行为场景中应不含有个体内部的因素"②。Barker 对于情境要素的界定中只是排除了个体内部因素,但对于物理特性等没有详细说明,这使得各种各样环境中的物理刺激和事项都有可能成为情境要素和行为背景中的因素,这也是 Barker 对情境要素界定的一个主要缺点。

Belk 对于情境因素的相关研究在西方学术界中是较为突出的,Belk 从 1974年开始专门对情境的定义和情境要素的维度进行了定性和定量的实证研究。在Belk 看来,情境是和个体在某一段时间内的行为相关的具体环境,而我们常说的环境则具有恒定性和长久性,其不一定和个体行为有着直接密切的联系。在随后的研究中,Belk 又进一步完善了情境要素的界定,其认为"在一般的界定中,情境被看作是个体基本偏好和个体特征以外的事物,但是除了某些刺激物的特性会产生作用外,情境要素可以被界定为在某一个特定时间和特定地点中特殊事物,这些特殊事物不一定按照个体自我(intra - individual)和各种可选择的刺激物的相关认知去发现,而是这些特殊事物对于消费者当前的行为具有一定的显而易见和系统性的影响力"。Belk 并对这一概念进行了具体的强调,认为"这个概念描述了情境是一种可以观察到的各种影响作用的集合而不单单是个体所感知的各种情境中相似的部分"。

在 Belk 提出情境要素的概念之前,已有一些学者(Cottrell, 1950;Rotter, 1955;Murray, 1952;Hansen, 1972)对于情境要素的主观和客观性进行了研究,而 Belk 对于情境客观性的界定是与以上学者存在分歧的。Cottrell (1950) 认为,应对情境进行主观性的界定,而非客观性的,这是因为,个体或者群体是对某一些他们自己所认为的情境作出反应的。随后,Murray (1952) 认为学者对于情境要素的分类应秉承这样的原则,即它们应该是对个体能够产生影响的事物。与 Cottrell 观点相似,Rotter (1955) 也认为情境是一个心理学的范畴,强

---

① Volkart, E. H. Introduction: Social behavior and the defined situation [M]. In E. H. Volkart (Ed.), Social behavior and personality: Contributions of W. I. Thomas to theory and social research. New York: Social Science Research Council, 1951.

② Barker, R. G. Ecological psychology: Concepts and methods for studying the environment of human behavior [M]. Palo Alto: Stanford University Press, 1968.

调应该从心理学的角度对其进行分类和界定，因此，情境是一个主观概念。基于这些学者的研究，Hansen 于 1972 年进一步肯定了个体对于情境因素认知的重要性，即"对于一个行为者而言，如何去感知环境和如何在物理环境中发现实际行为环境是同样的重要和关键"①。

除了从最基本的概念进行情境的界定外，也有大量的国外学者（Lewin，1933；Sells，1963；Bellows，1963；Allen，1965；Kasmar，1970；Frederiksen，1972；Belk，1975）也依据各种情境定义对情境要素包含哪些要素进行了广泛的探讨。

Lewin（1933）认为，行为场景和情境是环境的子单元，环境可以被或多或少地认为是"情境"所必需的主要特征。而情境就是个体在特定时间和环境中偶然遇到的各种因素。

Sells（1963）构建了关于情境的 200 个变量主观分类模型，在 Sells 的情境模型中，庄严（gravity）、温和（temperate）、群体结构（group structure）、角色要求（role requirement）、场景的新奇性（novelty）以及先前的体验（prior experience）等都包含其中。

Allen（1965）则将情境要素划分为社会维度（social dimension）和工作维度（task dimension），其中，前者包括了公有制或私有制、参与者独立性等要素，后者包含了工作难度和工作重要性等情境因素。

Kasmar（1970）的情境模型中则加入了 66 个双向情感形容词，使其情境要素扩大到 300 个变量。此后，Kasmar 将 300 个变量划分成情境要素的 13 个大类，分别为尺寸、容量、规模、情绪、颜色、结构、功能、光照强度、审美效果、天气、色彩、听觉效果和其他。

Frederiksen（1972）将情境因素界定为三个维度，分别是消费的任务界定、消费所处的社会环境和消费者周边的物质环境，在 Frederiksen 看来，消费情境是一个相互作用的整体而非三个维度的独立存在，更确切地说，情境不是三个维度的简单累加而应是三个维度的相互作用和结合。

在总结前人已有情境要素模型的基础上，Belk（1975）结合自己的实验室试验结论，提出了关于情境分类的模型。Belk 认为，情境是由五个变量构成的，即实体环境（physical surrounding）、社会环境（social surrounding）、时间构面（temporal perspective）、任务特征（task definition features）和先前状态（antecedent states）。

---

① Hansen，F. Consumer choice behavior：A cognitive theory［M］．New York：The Free Press，1972.

德尔·霍金斯（2003）则从消费者消费过程角度来界定消费情境的维度，认为消费者在购买产品的过程中涉及了四个方面的情境，分别为传播情境、购买情境、使用情境和处置情境。

符国群（2004）则认为消费者消费情境可以大体划分为三个维度，分别为沟通情境、购买情境和使用情境。其中，沟通情境侧重于消费者个体接收信息时的环境，是指消费者接受人员或非人员信息时所处的具体情境或背景；购买情境则是消费者在具体购买行为实施时所面临的各种情境，即消费者在作购买决定和实际购买时所处的信息环境、零售环境和当时的时间压力；而使用情境是指消费者在消费或使用产品时所面临的情境。

（二）情境对个体行为的影响作用研究

情境（situation）最初被作为影响消费者行为的因素纳入国外学者的研究领域。20世纪60年代，随着个体变量越来越难以解释消费者行为中的某些现象，国外学者逐渐发现一些外界的因素变量在消费者购买行为中的作用越发的凸显出来，而这类外界环境因素被学者们归纳为情境因素。符国群（2010）总结情境因素对各种个人消费品的消费行为的相关研究发现，情境因素、情境因素与个人交互的效用、情境因素与产品的交互影响对于个体的消费行为具有较强的解释作用，如表2-2所示。

表2-2　　　　情境、个人和产品对消费者购买行为的相对影响　　　　单位:%

影响来源	产品类型					
	饮料	套餐	小吃	速食品	休闲活动	电影
个人	0.5	4.6	6.7	8.1	4.5	0.9
情境	2.7	5.2	0.4	2.2	2.0	0.5
产品	14.6	15.0	6.7	13.4	8.8	16.6
产品与情境交互	39.8	26.2	18.7	15.3	13.4	7.0
个人与情境交互	2.7	2.9	6.1	2.2	4.0	1.9
产品与个人交互	11.8	9.7	22.4	20.1	21.2	33.7
产品、个人与情境交互	—	—	3.4	—	—	—
未被解释方差	27.8	36.4	35.6	38.7	46.1	39.4

资料来源：符国群. 消费者行为学（第二版）[M]. 北京：高等教育出版社，2010.

Ward & Robertson（1973）从消费者行为的角度提出，"情境变量比个体变量更多的解释了消费者行为的变异量"。Dell Hawkins et al.（2000）认为，周边的环境因素有时比个体的心理决策更大程度地影响其消费行为和选择决策。这说明很多的购买者行为的实施更多是在一种特殊的或者是必要的情境下才会发生

（Lavidge，1966）。因此，学者们普遍在研究消费者行为方面达成共识，即"在解释个性的购买行为时，个体因素和情境因素都是必须要考虑的"（Engle，Kollat & Blackwell，1969）。

在情境理论代表人物 Belk 看来（1975），对个体行为产生刺激的外部因素可以分为两类，即情境和服务（或商品）。Belk 假设情境是客观存在的，不同的情境和商品组合构成了不同的刺激物，进而影响了旅游者的消费行为。

Peter A. & Doyle W.（2009）采用实验室方法，选择了 8 组学生在 10 种不同场景下的 13 项休闲活动行为的研究，通过构建休闲行为详细目录模型（leisure behavior inventory，LBI）用于研究个体参与活动的行为与个体所处的情境之间的关系。

李华敏、崔瑜琴（2010）从情境理论的角度对实物消费者的行为影响因素进行研究。祁颖（2004）借鉴了美国社会心理学家 W. I. 托马斯的情境理论，针对饭店业服务的特性对饭店如何提高服务质量和顾客满意度进行定性的研究。储玖琳（2009）借助 Belk 情境要素理论通过对 17 个情境要素进行 Logistic 模型的分析，发现社会情境、时间情境、出游前状态和外界实体情境对于旅游者均有不同程度的影响。温鹏飞（2007）在针对顾客抱怨行为的研究中发现，消费情境因素对顾客的购买后行为有着重要的影响作用，同时情绪在整个的影响过程中承担着中介因素的作用。程林等（2008）认为，情境是影响旅游者感知的重要因素，而旅游者感知在一定程度上进而影响了旅游者的购买行为。王平等（2012）针对网络社群中消费者行为进行情境要素的相关研究，研究实证了各种情境要素对于消费者在网络社群中行为的影响，并将情境要素由传统的研究消费者购买行为拓展到网络非购买行为的相关研究中。周庄贵等（2002）选取了 Belk 情境要素中的四个维度进行消费者行为研究，发现消费者购买食品行为显著受到滞留时间、经常性和店铺数量的影响，而消费者总购买行为则受到购买欲望、旅游景点、滞留时间和周末等因素的影响。

除此以外，很多中国台湾地区学者（吴月凤，2003；蓝世明，2004；柴台山，2005；郑丹妮，2006）针对消费者在不同环境下的购物行为也展开了相应的研究，大部分的学者对于 Belk 情境要素中的五个维度进行了选择性测量，其中实证研究中被广泛注重的情境维度分别为实体环境、社会环境和时间维度，而先前状态这一维度因测量较为复杂且数据获取不准确等原因被众多学者排除在情境维度的测量研究之外。

总的来看，学者们就情境因素对于消费者行为影响的研究在定性和定量方面均有涉及，从定量分析的角度看，Belk 的研究表明情境要素解释了消费者行为 18.7% 的变异量，Sandell 的研究证实消费者行为中 40% 的变异可以由情境因素来阐述（李华敏、崔瑜琴，2010）。而 Argyle 认为情境因素可以解释 20% ~ 45% 的消费者行为，个体的差异（如个体的态度、个体的人格特征等）可以解释 15% ~ 30% 的消费者行为。由此可见，情境要素对于个体行为的影响是不容忽视的，对于消费者情景要素的研究也逐渐成为营销、体验等研究领域的热门。正如 Douglas B. holt（1997）所说，"对于各个不同的个体而言，不存在一个固定和共同的行为规律，研究者只有把消费者个体与其所处的环境相联系时才能真正地理解消费行为特征"①。

三、个体情绪

情绪（emotion）是个体一种心理状态，其一般表述为个体的快乐、悲伤、愤怒等情感，在消费者行为方面的研究中，情绪常常作为非常重要的变量进入影响因素模型中。Baggozi（1999）提出，情绪是经过对事件或想法认识评估所产生的心理准备状态，伴随着生理历程，通常从外表展现出来，可能产生特定行动来确认或应付此情绪，情绪一般是由事件的直接观察或是参与造成的。Batra & Stayman（1990）认为，情绪是一种影响个体选择及搜集情境信息的主观情感状态。Ellis & Harper（1983）认为，情绪是一种包含知觉和思考的生活过程，它会受到个体先前经验或期望的影响从而引发个体对于外界事物的强烈观点，进而对个体当地行为表现产生一定的影响作用。Dube & Menon（2000）、P. R. Kleinginna、Anne & M. A. Kleinginna、Anne（1981）认为情绪是主体与客体之间交互作用的组合，其被个体的神经系统所调节，可以进一步引起个体的一系列体验活动的心理状态。除了以上学者对于情绪的确切定义外，也有国外学者认为情绪并不能通过简单的界定就可以表述完全，从建构的角度来看，情绪应被视为一种多面向的现象（multifaceted phenomenon），其主要是由行为反应、表情反应、生理反应和主观的情感构成（Desmet，2003）。

虽然迄今为止没有任何学者通过实验方式来确定对于情绪这一定义哪些因素是足够或者是必需的，但是，从各个学者的定义可以发现，情绪不外乎是外部刺激物对于个体作用后产生的个体主观情感，从这个角度看情绪不是独立产生的一种心理状态，是受到外界各种因素如情境、先前经验或直接刺激事件

---

① Douglas B. Holt. Poststructuralist Lifestyle Analysis：Conceptualizing the Social Patterning of Consumption in Postmodernity［J］. Journal of Consumer Research，1997，23（4）：326 - 350.

等的影响而产生的心理状态,故笔者借鉴了 Dube & Menon(2000)的定义,将情绪定义为"情绪是一种可以引起个体一系列后续体验活动的心理状态,其产生于个体与外部环境中客体之间的相互作用,并为个体的神经系统所调节"①。

虽然学者未能给出情绪的完美定义,但这并不妨碍国内外学者对于情绪状态的研究。在消费者行为和满意度的研究中,学者们开发出很多的情绪量表以进行个体情绪测量。

Plutchik(1980)开发出十项主要的情绪形容词,Izard(1977)提出了差异性情绪量表(differential emotion scale),Mehrabian & Russell(1974)提出了"愉悦—唤起—支配"的模型。被广泛运用于情绪研究的还有 Watson et al.(1988)提出的情感的正向和负向尺度量表。

Richins(1997)依据上述 Watson 的量表继而又开发了消费情绪组合量表,其中同涉及 16 个维度,除了其中的部分维度(如嫉妒、寂寞、和平和满足)信度水平不高以外,其他 12 个维度均达到了令人满意的信度水平。

Rucher & Petty(2004)则认为,除了 Watson 于 1988 年提出的情绪二元论即正向情绪(如满足、快乐、谦逊)和负向情绪(生气、害怕、悲伤)以外,情绪还可以从具体类型划分,即悲伤、生气、开心等。

J. Enrique(2004)为了便于通过情绪对旅游者进行划分,提出在"愉悦—激励"的情绪量表基础上,构建关于情绪的十组对应性量表,分别为"愤怒—满意""高兴—不高兴""失望—非常开心""悲伤—快乐""失望—欣喜""厌倦—有趣""沮丧—雀跃""冷静—狂热""漠不关心—感兴趣"等。

Brown & Slocum(1997)将情绪分为了两大类,包括七种正面情绪(兴奋、喜悦、快乐、高兴、满意、骄傲和自信等)和十种负面情绪(生气、挫折、内疚、羞愧、难过、失望、沮丧、担心、不适和害怕等)。

Hosany & Gilbert(2010)通过测量旅游者对于旅游目的地情绪体验的多样性和强度,发展了三个维度的情绪,分别为高兴(Joy)、喜爱(Love)和正面的惊喜(positive surprise),并将其延伸为 15 个详细的心理测量量表,其具体为:"高兴"情绪分别为 cheerful、pleasure、joy、enthusiasm 和 delight。"喜爱"情绪分别为 tenderness、love、caring、affection 和 warm-heart。而"正面的惊喜"则包括了 amazement、astonishment、inspired、surprised 和 fascinated 等。

---

① Dube, L. Menon, K. Multiple roles of consumption emotions in post-purchase satisfaction with extended service transaction [J]. Journal of Service Industry Management, 2000, 14(3): 421-433.

Sameer Hosany（2011）为了更好地反映旅游者情绪的平衡性，其在 Izard 等（1977）的正负面情绪测量量表的基础上，将原有的三维度量表进行了拓展，将消极（负面）情绪的测量即"不高兴"维度加入研究的情绪量表中，构建了四维度的情绪量表，其中"不高兴"情绪涉及了 disappointment、displeasure、regret、sadness 和 unhappiness 等。

Westbrook（1987）、Gopinath & Nyer（1999）对于消费者情绪的划分是基于正、负情感两个相互独立极端开展的，认为顾客的情感应从正向情感和负向情感分别计量，而这种划分标准并未得到一些学者（Bakor & Levy，1992；Mattila & Wirtz，2000）的赞同，这些学者更倾向将非常愉快、非常不愉快作为情感的两极。

蔡明达、许立群（2007）在参考国外学者对于情绪测量的量表基础上，开发了关于怀旧情绪的 25 个题项（如人情味、怀念、亲切、温暖、美好、熟悉等）进而构建了怀旧情绪的五维度测量量表，分别为温暖情绪、精美情绪、感触情绪、休闲情绪和历史情绪。

除了从心理学的角度来对情绪进行划分外，Schmitt（2000）提出可以从消费者行为的角度对情绪进行重新测量，其摒弃了以往情绪正负面的二分划分法，从影响消费者行为的角度来诠释情绪的类型。Schmitt 认为愉悦、生气或悲伤是个体在日常生活中基本的情感成分，其普遍存在个体生活的各个方面，故将其作为"基本情绪"；而这些基本情绪有可能会在同一时间同时发生在个体身上，此时就混合成了一种"复杂情绪"，而这种复杂情绪更能对消费者行为产生深刻的影响，故这种复杂情绪可以被应用于消费者营销的领域。Westbrook & Oliver（1991）通过消费者体验将消费者情绪定义为五种类型，Schoefer & Diamantopoulos（2009）依据满意度、信任度和认同感的不同，对情绪作出了四类划分。

此外，Russell & Pratt（1980）基于 Mehrabian（1974）提出的环境心理学研究结论，进一步对环境情绪进行了研究。其在 Mehrabian 的 PAD 量表（pleasure—arousal—dominance）情绪三维度的基础上，情绪可以简明地用两个维度来进行其特性的表述，即"激励—未激励""愉悦—不愉快"，而这两个相互独立的维度可以解释情绪的反应（蔡明达、许立群，2007）。Russell 的"愉悦—激励"模型中"愉悦"和"激励"具有不同的含义，其中"愉悦"反应的是消费者对于周边环境感到快乐和美好的程度，而"激励"代表的是个体感到被激发或者会被激励的程度。这个模型阐述的是不同个体结合自身主观愉悦情绪以及激励进行相关情绪体验的程度高低（Bitner，1992）。

从现有文献来看，学者们对于情绪的量表设计也多涉及很多普遍认可的题项，例如，积极情绪为高兴、兴奋，消极情绪为恐惧、愤怒和受挫（Vincent Wing & J. R. Brent，2011）。

四、旅游真实性

"真实性"这一概念是由 MacCannell 引入旅游活动的研究中，其从"舞台真实化"的角度将旅游者活动的空间划分为"前台"和"后台"，并格外强调旅游者进行旅游体验的最终动机源于对"真实性"的追求。无论从旅游体验的过程论或从"流体验"的主观感知角度，旅游体验都具有复杂的内涵以及涉及众多的个体和事物，而旅游者体验都与旅游刺激物的真实性有着密切的联系。正如 MacCannell（1973）所说，旅游者不仅满足于清晰可见的设计好的事件，他们更钟情于去寻找"体验的真实性"。MacCannell 的体验真实性学说开辟了旅游体验研究的新领域，在过去几十年的相关研究中，不同的学者（Wang，1999；Olsen，2007；Cohen，2010；Culter，Carmichael，2010）对其发表了不同的见解，而真实性的问题也从旅游者体验的真实性延伸至旅游资源的真实性问题。

（一）"真实性"的界定和分类

科恩和冉恩提出了旅游审美体验，认为"真实性"可以用来解释旅游体验，即社会中的个体成员因缓解自身的虚无感而不得不返归自我以寻求真实存在，而旅游者的这种"真实性"是不同于社会学家或哲学家所认为的"真实性"，在 Cohen 等看来，旅游者所追求的旅游体验的"真实性"可以是"the staged authenticity"（被安排或者是表演的"本真性"，如舞台化的表演），旅游情形类型如表 2-3 所示。

表 2-3　　　　　　　　　　　　旅游情形的类型

		旅游者对景观的印象	
		真实	舞台化
景观本质	真实	真实	真实的否认（舞台猜疑）
	舞台化	舞台真实（隐藏性的旅游空间）	人造型（开放性旅游空间）

资料来源：Cohen E. Towards A Sociology of International Tourism [J]. Annals of Tourism Research，1979，6（1）：15-35.

国内著名人类学学者彭兆荣（2006）明确地指出，"真实性"在地理学上是指亘古不变的自然风光的"真实性样态"，是人类与自然相濡以沫的"真实性样态"，是旅游中"主客"互动所产生的"真实性样态"①。从彭兆荣的论述中也可看出，"真实性"在从不同的角度界定的含义是截然不同的。

Cohen（1979）认为真实性主要包含了六个层面：（1）具有"起源"的真实性，指生产、习俗、世系与权威资格的古老程度。（2）具有"真正性"的真实性，即名副其实的、真实的东西。（3）具有"原生性"的真实性，即没有被开发过。（4）具有"真诚性"的真实性，即人际交往中情感的态度表达。（5）具有"创造性"的真实性，与"复制"和"仿造"相反。（6）作为"生命历程"的真实性，强调自然而然、真实的存在。而 Yeoman et al.（2006）也提出，真正的旅游吸引物必须不能过于现代化或仿造性极强，因为"真实"意味着从遥远过去开始的起源。

Bruner（1994）曾提出，真实性是有四种不同的含义：第一，它涉及了表现的历史真实性（模仿物复制了原始物体，而且看上去是可信和具有说服力的）；第二，真实意味着历史准确和完美的仿真；第三，真实就是原物，反对去模仿和复制；第四，真实涉及权威，即这种是权威的、认证的、法律上认可的真实。

官方机构联合国教科文组织在 2008 年《世界文化与自然遗产公约》操作指南中对所谓的"真实性"评审提出了几点操作意见：第一，理解遗产价值的能力取决于该价值信息来源的真实度或可信度。对涉及文化遗产原始以及后来特征的信息来源的认识和理解，是分析评价真实性各个方面的必要基础。第二，对于文化遗产价值和相关信息来源可信性的评价标准可能因文化而异，甚至同一种文化内也存在差异。出于对所有文化的尊重，必须将文化遗产放在它所处的文化背景中考虑和评价。第三，依据文化遗产类别以及文化背景，如果遗产的文化价值（申报标准所认可的）以下列特征是真实可信的，则被认为具有真实性：外形和设计；材料和实体；用途和功能；传统、基数和管理体制；位置和背景环境；语言和其他形式的非物质遗产；精神和感觉以及其他内在因素。第四，精神与感觉这样的特征在真实性评估中虽然不易操作，但却是评价一个地方特征和气质的重要指标（王毅、郑军、吕睿，2011）。第五，在"真实性"问题上，考古遗迹或历史建筑及地区的重建只有在极个别情况下才予以考虑。只有拥有完整且详细的记载，不存在任何想象而进行的重建，才会被接纳。

Geary P.（1986）通过对欧洲中世纪遗物遗迹的研究，认为当时对其真实性

① 彭兆荣. 民族志视野中"真实性"的多种样态 [J]. 中国社会科学，2006（2）：125-138.

的判定有两个要素："其一，它称得上是奇迹吗？其二，它吸引了大量的朝圣者吗？"① Geary 的评判标准偏重于神圣旅游的内涵，其更多是从人类学的角度出于旅游是一种圣神化仪式的角度来对遗物和遗迹进行诠释，同时其评判标准之一"是否为奇迹"也颇具争议性和界定的不确定性。

Chang et al.（2008）、Smith & Duffy（2003）认为，所谓的"真实性"是指客体以及其表现方式没有被商业化或现代化，其与传统文化有着很强的关系，因此，"真实性"的客体对于旅游者而言是非常有趣的，因为它明显地区别于一些主流（mainstream）事物。

谢彦君在其著作《旅游体验研究：一种现象学视角》中也表达了自己的观点，认为"'真实性'是旅游者体验的诉求，而不同的旅游者有不同的旅游体验追求，对自我体验质量的评价，不取决于作为他者的知识分子、社会学家或人类学家，而是取决于旅游者个人的心理标准……只要他满足于此，这种'真实'就是他所要的'真实'"②。

通过对"真实性"的界定发现，Geary 的"真实性"较之联合国教科文组织、Cohen 以及 Bruner 的"真实性"具有较大的抽象意义和不可操作性。Geary 的真实性从某种程度上来看是无法断定的真实性，其判定的要素之一"奇迹"，本身与真实性之间没有必然联系，此外，"奇迹"本身就是一个无法断论的概念，因为不同的个体对于奇迹的认定是截然不同的，故用"奇迹"这一模糊的概念去规范"真实性"的内涵本身便是无意义的。Chang et al.（2008）、Smith & Duffy（2003）对于真实性的界定更多是从客体主义的角度进行的，这种对真实性"无商业化"和"无现代化"的纯粹界定使"真实性"与旅游开发或旅游商品结合面临着困难。对于这类纯粹的客体真实性，Muchazondida Mikono（2012）指出，"客体真实性是一种博物馆意义上的真实性，这种真实性主要是由专家来判别，即判断客体的原始性和古老性是否与客体所宣称的一样"。从这个意义上来说，客体真实性与旅游者对客体的认知无任何关系，它强调客观事物本身的属性而无视了旅游者主观认知与其的关系。Cohen 从起源、发展和情感等方面论述了"真本性"，从根本也是强调客体的真实性，Cohen 的观点与 Wang 等的观点不同，笔者认为，Cohen 的论述是对"真本性"的一种多维度阐述，但是这种论述更多的是站在旅游体验的互动双方之外的视角，没有将主客体之间

① Geary P. Scared commodities：The circulation of medieval relics：appadurai A. The social life of things [M]. Cambridge：university of Cambridge Press，1986.
② 谢彦君. 旅游体验研究：一种现象学的视角 [M]. 天津：南开大学出版社，2005.

的联系和主体施加于客体之上的主观认识考虑进去，因此，从旅游体验的视角来看，这种"本真性"无法准确地还原在旅游者游玩的对象中，而只能凭借之中"舞台化的真实"得以彰显，此时旅游者对于"真实性"的感知是否能够借助"舞台化的真实性"得以满足，在 Cohen（1979）论述中无法得到确认。Bruner的"真实性"较之 Geary 的"真实性"具有一定的可操作性和现实意义。其对于真实性界定的其中一点，即"真实涉及权威，即这种是权威的、认证的、法律上认可的真实"，在国内旅游景点开发以及旅游者体验方面具有特殊的意义。在现实的旅游世界中，很多的旅游景点是基于相关部门或者是权威来表明其真实性，而旅游者在一定程度上也是出于对权威认证的信任而确定其游玩对象的真实性。故 Bruner 的"真实性"阐述与旅游者获得的旅游体验密切相关，同时又在一定层面上指导了旅游企业对于旅游资源开发中"真实性"的把握，其内涵对比如表 2 - 4 所示。

表 2 - 4   真实性的内涵对比

真实性类型	真实性内涵
客观真实	建立在客观主义哲学基础上，强调旅游客体与原物完全对等，即旅游吸引物完全真实，丝毫不掺假
存在真实	以存在主义哲学为基础，寻求真实的自我，真实性与旅游客体无关，是旅游主体体验自我的问题
建构真实	事物之所以表现为真实并未因为它天生真实，而是因为人们依据信仰、观念和权威等将它建构为真实的
后现代真实	强调虚像可以达到一种"超真实"，而这种"超真实"并非源于事实，有可能是源于虚构和想象

资料来源：徐伟，王新新. 商业领域"真实性"及其营销策略研究探析［J］. 外国经济与管理，2012，34（6）：57 - 65.

（二）"真实性"对旅游体验的影响研究

国内外学者除了从"真实性"的界定和"真实性"是否存在的角度对"真实性"进行理论和实证的探讨，也对旅游者在旅游体验过程中的"真实性"（或称为"本真性"）进行细致化的研究。Urry（1990）、Bessiere（1998）和 Wang（1999）指出，旅游者会追寻一些特别的当地符号，因为旅游者认为这些是当地传统文化的象征和精髓，而当地美食和饮料无疑成为最具代表性的"真实性"典型。除了美食作为"真实性"的代表为旅游者影响着旅游者的个体体验外，在国内外学者的研究中，很多研究者也从旅游景点和旅游吸引物的角度强调"真实性"在旅游体验中的重要影响作用（Joseph，1994；Urry，1995；Ernest Sternberg，1997；Boniface，2003；Eastham，2003；Davidson，Bondi & Smith，2005；

Anne，2010；MariaLaura et al.，2012；Muchazondida Mikono，2012）。

Joseph（1994）基于环境心理学和空间关系学理论，详细论述了各种因素对旅游体验的各个阶段（预期、到达目的地、旅游在场、返回目的地和回忆）的影响。对于旅游在场体验这一环节，作者就旅游吸引物的"真实性"进行了深入的讨论，并强调对于旅游者而言应学会如何去辨别"虚假的"和"真实的"旅游吸引物，这对于旅游者获得较高的旅游体验非常重要。

Ernest Sternberg（1997）为了更好地表述旅游者如何通过视觉享受来获得旅游体验，其针对尼亚加拉大瀑布的旅游者进行了调查研究，通过对大瀑布不同主题的分析，Ernest 定性论证了鲜明的主题和"真实性"场景对于旅游者在大瀑布的体验有着重要的影响作用。

Anne（2010）针对观看过电影《指环王》并前往《指环王》拍摄地进行电影旅游的旅游者进行了有关旅游"真实性"、旅游同伴间关系的前后对比访谈。调查发现，针对科幻片这种非真实性的电影而言，其电影拍摄地虽与影片中有较大的差异，但是通过实地游玩旅游者仍能产生较强的真实感。Anne 基于对这类特殊旅游者的访谈调查得出，Wang（1999）的存在主义真实性对于解释科幻电影旅游者的感知更具说服力，从而再次论证了 Wang 对于旅游真实性的论断。

Maria Laura et al.（2012）通过对农场上建造旅游吸引物的农场家庭成员的访谈，借助描绘"体验的真实性"这一概念，Maria Laura 探讨了"体验真实性"和"旅游吸引物"之间的关系。而农场旅游中同样存在着 MacCannell（1976）所提出的"舞台化的真实性"这一现象，即农场活动也分为"台前"（front）和"台后"（back），例如，有些农场景点与日常农业活动整合在一起，而其他的一些则与农场是分离开的，这些独立的农业旅游景点被其他的农场家庭成员运作，独立的旅游景点使旅游者与农场环境相脱离，故其带给旅游者"真实性"较少。

Muchazondida Mikono（2012）研究了旅游者对非洲特色饭店文化的"真实性"的体验感知，其利用网络内容分析法对网上下载的游客关于非洲两所酒店的评价进行分析，研究发现旅游虽然对什么是非洲文化十分模糊，但其在入住饭店进行体验时，仍会特别关注饭店所展示的"真实"的非洲文化。

正如有一千个读者就有一千个哈姆雷特，学者们对于"真实性"的界定一直未有定论，从而导致对于"真实性"在现实中的研究也体现出了百花齐放的现状。正如 Muchazondida（2012）所说，对于"真实性"的争论问题一直未休，问题的关键在于谁鉴定？谁有权利去判别"真实性"？恐怕答案可以在 Wang

（1999）的论述中可见一斑，其实我们选择一个主要的研究对象便可以选择一个视角或某一个主义（无论是建构主义、客观主义还是存在主义）对真实性进行研究，也唯有这样才能通过运用适当的"真实性"定义得出具有意义的研究结论。

五、顾客参与

顾客参与最早产生于20世纪70年代前后，其在服务营销领域获得了极大的重视，顾客参与强调顾客努力和顾客涉入服务的程度，其主要用于表述生产服务和传递服务的具体行为。旅游者作为顾客的一种，其在整个旅游体验活动实现的过程中，尤其是旅游在场体验获得的过程中，无时无刻不进行着旅游目的地文化的涉入、旅游相关信息的搜集获取和旅游体验活动的参与，因此，旅游者参与作为旅游者融入旅游吸引物中、了解旅游目的地文化的一种方式已经成为旅游在场体验中不可或缺的一个部分。

对于顾客参与的界定，部分学者（Ennew & Binks，1999；Rodie & Kleine，2000；Remye & Kopel S.，2002）提出了各自的看法，有学者认为顾客参与中的个体承担多种角色，如使用资源者、购买产品者、资源的共同生产者等；而顾客参与具体表述便是消费者个体参与到产品搜集、任务界定等过程中，并在这个过程中付出了一定的体力、脑力，伴随有一定的情绪投入和精神投入等；而 Ennew & Binks（1999）则认为顾客参与涉及以下几个维度，如信息的分享、责任行为和个体间的互动行为等；Rodie & Kleine（2000）认为顾客参与是指在服务的生产或传递过程中，顾客提供的活动或资源，包括心理、实体甚至感情付出，它是顾客为满足个人需求、顺利享受服务必须性的付出；Remye & Kopel S.（2002）认为任何的顾客参与都具有一定的目的性，而从目的性的角度来看，顾客参与的目的无外乎寻求个人利益的经济目的和实现人际接触、情感交流、社会参与，获得友好和趣味的目的。

Rosenbaum & Massiah（2007）在针对顾客得到其他顾客支持和鼓励对个体行为表现影响的研究中指出，顾客参与有助于增强顾客自身的自尊心、自信心和其所感知的支持感，同时能够激发顾客对组织、组织员工以及其他顾客群体产生帮助服务人员、谅解服务人员、推荐好的产品、宣传组织行为和帮助其他顾客等一系列的个体行为。

Hui & Bateson（1991）研究认为，顾客想要获得持久记忆的旅游体验，则必须更多地参与体验活动之中。Csikszentmihalyi（1975）提出的流体验概念中也特别强调了体验过程中个体参与的重要性，其认为只有个体参与活动中，且活动的难度与个体能力技术相符时，会产生流体验。同样是基于对流体验的研究，Byrne et al.（2003）也认为，流体验需要旅游者融入景点并参与各种有趣的活动中，诸如散步、看日出或是参与到饭店的某些相关活动中，他们会更加容易获得一种流体验的感受。

Zaichkowsky（1986）将顾客参与划分为刺激因素、环境因素和个体因素，其中刺激因素与刺激物的实体特征有关，例如，可选择的差异度、沟通的资源和沟通的内容。情境因素则显著地影响个体参与的程度，而 Michaelidou & Dibb（2006）认为个体高度参与情境中所实施的行为会显著差别与个体参与度较低时所实施的行为，而 Petty et al.（1983）、Petty & Cacioppo（1996）也验证了个体高度参与性更愿意对产品的特性进行认真的体验和研究。而顾客参与还受到个体因素的影响，即个体兴趣、需求、对于目标的价值评估等。

范钧（2011）将顾客参与划分为人际互动、信息分享和合作生产三个维度，以顾客满意作为中介变量，进行旅游者公民行为影响因素研究。并发现，旅游者之间的人际互动和信息分享对于旅游者满意度有着正向影响，而旅游者的顾客参与对于旅游者最终的公民行为具有较为显著的正向影响。

楼尊（2010）针对产品定制的问题，探讨了消费者的参与程度、消费者需求的独特性对于消费者最终的购买意愿的影响程度。研究发现，当消费者参与程度较高时，个体感知的乐趣和购买意愿都强，即顾客参与对于感知乐趣和购买意愿具有正向的影响作用。

孙根年（2006）在旅游体验的经营与策划中创立了所谓的"三求—三性—三感"的体验模式，孙根年对于旅游体验的三个性质的阐述中格外强调了"旅游者参与性"的重要性，其认为全身心参与是体验产生和获取的关键，只有亲自实践才能获得参与旅游活动的真实和体验的满足感。

王毅菲（2007）选取了旅游行为情境、旅游氛围情境和旅游者融入程度作为影响旅游者体验愉悦度的三个外生潜在变量，实证研究发现，旅游者融入程度中的互动参与性因素即店家招揽以及主动参与活动和活动趣味性等对于三地旅游者体验的愉悦度具有显著性的影响。

总的来看，国外对于顾客参与的研究开展的较早，学者们（Pettty et al.，1983；Petty & Cacioppo，1996；Ennew & Binks，1999；Rosenbaum & Massiah，2007）的相关研究得出，顾客参与对于提高顾客的满意度、忠诚度和口碑宣传等具有重要的意义。而随着对顾客参与的进一步深入研究，顾客参与也与顾客体验出现了相互的交叉，如通过顾客参与行为的涉入，顾客在购买产品、消费产品和使用产品的过程中会得到一种深刻的难忘的顾客体验（Carli et al.，1988；Voelkl & Ellis，1998；Clarke & Haworth，1994；Haworth & Evans，1995）。

对于旅游者的在场体验而言，旅游者参与对于体验具有一定的影响作用。例如，Julie Otto（1996）研究发现旅游者在不同的旅游阶段对于旅游体验的诉求并非完全相同，在旅游在场阶段，即 Juice Otto（1996）所说的"tours & attraction"阶段，旅游者将参与其中看得较为重要，并期望通过这些活动可以极大地提高自身的旅游体验感知。因此，本书对于旅游在场体验影响因素的探索中，尝试性地加入了旅游者的个体行为，即旅游者参与，以期获得旅游者参与和旅游体验之间的相互关系。

第二节　旅游体验模型及相关研究

一、旅游体验模型

（一）伯恩得·施密特的体验模型

伯恩得·施密特认为，创造深刻的顾客体验需要触及顾客心理机制。他将顾客的体验模式与体验提供物结合，构建了战略体验模块，强调每一种体验提供物都可以与多种体验模式结合，创造游客全面的、完整的体验。战略体验模块划分了不同的体验类型，其中感官体验强调通过视觉、听觉、触觉、味觉、嗅觉等创造顾客知觉体验感受；情感体验则基于营造顾客所在感知的环境，提供适当的刺激进而诱发消费者个体内在的感情和情绪；思考体验主要是引发消费者的兴趣和对相关问题的思考从而达到智力启迪和创造认知的目的；行动体验是通过提高顾客的生理体验、展示做事方式或生活方式从而在行为上影响顾客的生活、行为和做事方式；而关联体验是基于以上四种体验模块，实现顾客自我改造、满足其个人渴望和社会认同的体验。如图 2 - 1 所示。

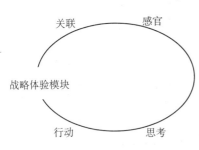

图 2 - 1　伯恩得·施密特的
体验战略模块

资料来源：温韬. 顾客体验对服务品牌权益的影响——基于百货商场的实证研究 [D]. 大连理工大学博士论文，2007.

（二）Ryan 的旅游期望与旅游体验的关系模型

Ryan（1991）在其著作《休闲旅游：社会科学的透视》中将影响旅游体验的因素划分为先在因子（涉及个性、社会等级、生活方式、家庭生命周期、目的地营销和形象定位、期望以及动机），同时其还存在一系列的干涉变量，包括了旅游体验中的延误、舒适、便利和目的地的可进入性、目的地的性质、住宿的质量、景点的数目和活动内容的多少以及目的地的种族特性等，如图 2 - 2 所示。

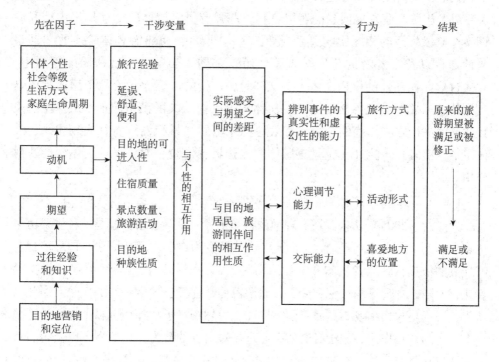

图 2 - 2　Ryan 的旅游期望与旅游体验的关系模型

资料来源：谢彦君等．旅游体验研究——走向实证科学［M］．北京：中国旅游出版社，2010.

在实际的旅游体验过程中，"旅游者的实际感受与期望之间的差距"与"旅游目的地居民和同行旅游者之间相互作用的性质"等，都同旅游者自身辨别事物真实性的能力、心理调适的能力、交际能力等有着交互关系，经过这个行为过程的调整，最后形成了旅游者体验的结果。在 Ryan 的模型中，其重点强调了旅游者的期望对于旅游体验质量高低的影响，即在一定程度上旅游者体验的高低取决于旅游者体验前对于这次旅游过程的期望值高低。但 Ryan 的旅游体验满意模型中所涉及的影响因素，主要是侧重于外部客观条件（如目的地的可进入性、住宿质量、景点数目和活动内容）、旅游者体验前的期望以及旅游者人口统计因素等，其忽略了旅游者在体验过程中所受到的一些主观因素（如旅游者在场体验时的情感、旅游者与同伴间的融洽度）以及旅游群体成员的规模度等因素的影响。

（三）Li Yiping 的旅游体验转换模型

Li Yiping（2000）提出了旅游体验中的正体验和负体验来描述旅游者体验感受，其模型认为旅游者通过在场体验最终形成了可能影响旅游者个人与目的地的关系以及旅游产业发展前景的逻辑过程，并强调了旅游体验的前期、中期和后期各个阶段之间的相互影响关系，如图 2 - 3 所示。将旅游者体验前的"期望与计划"以及旅游者的"回忆体验经历"都纳入影响旅游者体验的模型中，并通过这一循环性的模型，将上一次体验所产生的情感（无论是正感体验还是负感体验）都映射到旅游者的下一次体验过程中。Li 的模型侧重于从体验阶段化的角度进行旅游体验的分析，有效地将体验的"累积性"特征表现出来，强调了上一次旅游体验（无论是正感体验或是负感体验）对于下一次体验的映射作用。

（四）谢彦君的"挑战—技能"模型

谢彦君（2005）从格式塔心理学的视角出发，认为旅游体验是一种主要由个体赋予其意义的主观心理过程，因此，个体的行为对于物理环境和心理环境都有着极大的依赖，旅游者从离开常住地出行的那一刻起，就不断经历着"场"的变化，而随着物理场的迁移和变更，旅游者的心理场也发生些许的变化。谢彦君认为，心理场与物理场不是属于同一层面，心理场对于物理环境和个体行为环境具有一定的统辖作用，旅游者会依据心理场对自身的行为作出调整，以获得与整体旅游场相平衡的状态。旅游场与旅游者之间的关系是，旅游场产生各种刺激，而旅游者接收到刺激并作出相应的行为反应。在谢彦君的旅游体验影响模型中，旅游场是心理场和物理场的统一，是作为远因而存在的地理环境和作为近因而存在的行为环境相互作用的产物。谢彦君提出了旅游体验的"挑战—技能"模型，以此来研究旅游者如何获得各种不同层次的旅游体验，如图 2 - 4 所示。其认为个体旅游体验的感知是与旅游者本身技能水平和挑战水平相关的，当个体的技能水平大于挑战水平，个体会产生较高的体验满意度，而挑战水平大于个体的技能时，个体会产生不满体验。

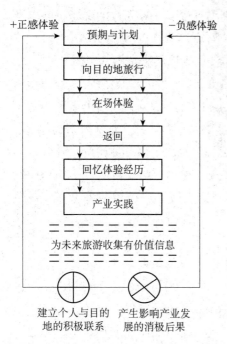

图 2 - 3　Li Yiping 的旅游体验转换模型

资料来源：Yiping Li. Geographical consciousness and tourism experience [J]. Annals of Tourism Research, 2000, 27（4）：863 - 883.

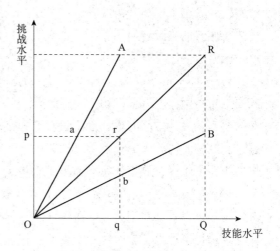

图 2 - 4　旅游体验的"挑战—技能"模型

资料来源：谢彦君等. 旅游体验研究——走向实证科学 [M]. 北京：中国旅游出版社，2010.

二、旅游体验的其他研究

除了以上学者提出的系统性的旅游体验模型外，国内外学者对于旅游体验也进行了多方面的研究。Csikszentmihalyi（1975）提出了通过测量旅游者自身技能和旅游活动挑战性之间的比例来衡量旅游体验。Joar Vitterso et al.（2000）针对Csikszentmihalyi（1975）提出的"技能—挑战"模型进行了研究，认为Csikszentmibalyi 的模型存在一定的不足。例如，Voelk（1990）认为，Csikszentmibalyi 流体验的测量指标中，如唤醒程度、内部动机和感到自由感等指标，只有小于5%的变异可以通过"技能—挑战"模型进行变量解释，而 Ellis（1994）则通过"技能—挑战"模型对"厌倦"型旅游体验进行研究时发现，在 Csikszentmibalyi模型中属于"厌倦"型的旅游体验，在对应的旅游者体验调查中则更多地反映为积极和享受倾向的旅游体验，从这个层面上看，现实中旅游者的真实感受和Csikszentmibalyi 模型中对于旅游体验的界定存在一定的分歧。

在探讨旅游者体验是否与内部和外部因素有关的方面，Jackson（1996）进行了一定的实证研究。其借助于能力水平、努力程度、任务完成的难易程度以及运气的好坏这四个因素进行旅游者体验的影响研究，结果显示这四个因素对个体的影响作用因体验性质（积极体验或消极体验）不同而不同。

Richard C. et al.（1998）着重研究旅游者人口统计因素对旅游者体验的影响作用，其采用了聚类分析的方法针对遗产地的旅游者进行分类，结果显示，对于遗产地旅游的旅游者而言，其社会人口统计因素（年龄、社会地位和教育背景）对于旅游者体验没有太大的关联（作者强调也许只是对于遗产地旅游而言）。

Vincent Wing Sun Tung & J. R. Brent Ritchie（2008）通过对旅行活动和动机调查，对美国"婴儿潮"和"沉默一代"两代人进行了旅游体验诉求和体验感知的研究，发现生活方式和价值会渗透到旅游者的旅游体验中。同时，人口统计因素在旅游者体验中的影响不可忽略，例如，较老的旅游者旅游体验的目的主要集中于三个维度：放松休息和恢复、走访亲戚和朋友、与家人们享受生活。

Jong-Hyeong Kim（2010）选取了享乐主义、自由感、充实感、参与性、当地文化、知识以及新鲜感等7个潜在变量作为影响旅游者唤起以往旅游体验的影响因素，通过实证表明旅游体验中的参与性、享受活动以及当地文化对于唤起旅游者过去的旅游记忆都有着一定的积极作用，参与性和自由感对于旅游者生动的回忆其以往的体验有着显著的正向作用。

Katherine B. Hartman、Tracy Meyer、Lisa L.（2009）借助于"文化缓冲垫"这一概念对旅游者体验进行研究，发现"文化缓冲垫"的兴奋度和感知知识对旅游者体验满意度以及游客行为都具有影响，即在较高水平的"文化缓冲垫"下，旅游者体验到的旅游兴奋和旅游价值对于游客开启新的旅游体验非常重要。

Susanna Curtin（2010）基于民族志的方法，对参与野生动植物旅游者进行研究，发现旅游体验的有形收益、导游在旅游产品和旅游者之间的调节作用以及旅游者自身对潜在环境和社会冲击的感知等都对旅游者的体验产生一定的影响。

Joar Vitterso et al.（2000）针对挪威6个国家公园的旅游者进行旅游在场体验研究，采用"flow-simplex"模型测量旅游者的"愉悦和挑战"之间差距进而反映旅游者流体验状态的程度。研究结果显示，旅游者对6个国家公园的满意度存在较小的差别，但是来自不同国家的旅游者在6个国家公园所获得旅游体验存在巨大的差异。

谢彦君（2005）借鉴经典的格式塔心理学范式，强调在研究旅游者体验时，应侧重于情境和行为的整体研究，认为行为主义的"刺激—反应"（S-R）公式因过于强调"刺激与运动性之间的联结而忽视了中间的中介作用过程"。随后借助"勒温"的"场论"和考夫卡的"心物场和同型论"，将"旅游情境"综合描述为"旅游场"，并提出了"旅游氛围情境—旅游世界"和"旅游行为情境—旅游场"的概念。前者主要是一种主观的情境，其是由"旅游需求、旅游动机和旅游期望"等产生的一种心理情境；而后者确切地说是"旅游场"，其包含了旅游过程中的各个节点，对具体的旅游行为有着规定和引导作用。

李晓琴（2006）强调了旅游体验的累积性即后一段个体旅游体验会受到前一段体验的影响作用，同时这种影响作用也是相互的，即前一段旅游体验也会调整后一段的旅游体验。

郑聪辉（2006）将旅游体验的影响因素划分为可控因素（服务引导水平、游览过程与感受、食宿购物条件、安全及设施条件和环保与游览过程控制）和不可控因素（他人言行、旅途经历和旅游资源条件）。

贾跃千（2009）基于扎根理论、内容分析法等对游客景区内的旅游体验进行了相关研究，认为景区的服务质量、游客情感体验和游客行为意向以及游客的心理特征等均为旅游者景区体验的主要构成要素。

佟静、张丽华（2010）提出主观影响因素如"旅游者参与程度、旅游者的期望与需求、旅游者以往的经验、旅游者个人的体验能力及旅游者的兴趣偏好、旅游体验过程中信息的占有量"等都会对旅游体验产生一定的影响。同时，旅游者先前的体验经验也是对旅游者后续旅游体验产生影响的动态因素，每一次的旅游体验都会为旅游者下一次体验积累经验，并影响下一次体验的效果。

丁红玲（2010）将旅游体验的影响因素划分为不可抗力因素、个人因素、旅游目的地因素、景区景点的可进入性、从业人员的服务态度及水平、目的地整体形象与环境、价格、当地居民的态度和行为等，认为旅游体验是一个过程，是涉及旅游活动整个行程的一种主观认识和判断。

郭艳芳（2010）等对影响大学生景点旅游体验的因素进行研究，通过因子分析法得到5个影响因子，其中，"好奇与求知"是最重要的影响因子，其次是"美食与休闲""社交与文化""旅游地公共设施"，最后是"住宿与娱乐"。

国内外学者对于旅游体验的研究基本从定性和定量两个方面进行研究，研究者研究视角的不同和影响要素细分的标准不同，导致了对于旅游体验的影响研究各不相同，同时，从现有研究来看，明确区分旅游体验与旅游在场体验的研究较少。

第三节　旅游体验及影响因素的研究评析

学者们对旅游体验研究的视角差异也导致了目前的研究涉及学科较多，采用的方法也是各具特点。针对目前学者们的研究成果，笔者认为旅游体验影响因素的研究具有以下的特点。

（一）旅游体验与其他概念之间容易出现混淆，旅游在场体验影响因素研究略有不足

对于旅游体验和旅游体验质量、旅游体验满意度的概念没有进行明确的划分，有些研究将旅游体验质量等同于满意度或服务质量，导致了很多研究表面强调是对旅游体验的研究，而在问卷设计上都倾向于旅游满意度的测量，使得旅游体验的研究基本上还是沿着个体"期望—感受—满意或不满意"这一脉络进行。另外，旅游体验概念的混淆以及旅游体验本质的忽略在一定程度上会导致研究结论的偏差和测量结果的可靠性，因而辨清旅游体验与相关概念之间的差别和联系对于进行科学准确的研究是极为重要的。概念阐述和使用不当，直接影响其定量的测量，而得出的实证结果也有偏离原旨的嫌疑，因此，本书力图将旅游体验、旅游满意度和旅游体验质量进行区分，以保证本书相关研究的准确性。

（二）旅游体验的研究视角和方法较为多元化

Shuai Quan & Ning Wang（2004）认为，目前旅游体验主要是基于两种途径来进行研究，一种是从市场营销和管理的角度；另一种是从社会学的角度进行。从社会学角度区分，旅游体验的研究又进行了细致的划分。第一，Cohen（1979）、Neumann（1992）、Ryan（1997）从现象学的角度进行旅游体验研究，主要是从纯真旅游者的角度进行主观旅游体验分析。第二，Graburn（1989）、Hennig（2002）、MacCannell（1973）、Vukonic（1996）等从人类学的角度研究"神圣旅游"，注重旅游者远离日常生活的单调和世俗的约束，追求自由体验的真实性、新奇性、异国情调等。第三，从主观心理学的角度进行旅游体验研究的开展，其多是采用心理学实验室的研究方法，对旅游体验进行实证主义研究，如进行科学实验和其他定量方法的研究（Pearce，1982；Lee & Crompton，1992）。第四，部分学者基于行为视角，认为旅游体验是一种对于愉悦追求的行为（Van，1980）。这种观点与 Cohen 以及 MacCannell 的不同，Van 强调体验不是一种内心的主观的感受，其更多的是物化成一种行为，表现出旅游者功利性的享受追求。第五，颇具影响的学者 Urry（1990）从"凝视"角度对旅游体验进行研究，基于凝视理论各种旅游企业、大量的相关媒介以及被认为的文化、价值等被整合到一起。

（三）国内旅游体验的影响因素研究较为宽泛

国内对旅游体验质量影响因素的研究是在国外学者研究的基础上开展的，依

据已存在的体验影响因素模型进行中国旅游者数据的验证，相似的体验模型多次运用于本土旅游者的研究。此外，对于旅游体验的研究还存在较为宽泛的现象，根据前文所述旅游体验具有阶段性，而不同阶段旅游者体验的所受到的外界影响因素也是不尽相同的，笼统地将旅游体验看作结果进行影响因素的总体研究，很难真正反映游客的在旅游活动某一阶段的实际体验，因而得出的旅游体验实证结果显得不太具针对性。

（四）研究中跨学科的相关研究较为缺乏

笔者研究发现，学者们针对旅游体验研究多是基于某一个学科或者视角而展开的，其中，基于营销学的顾客满意度、服务质量视角的研究尤为盛行，因而导致了研究结论关于旅游服务质量、旅游交通、住宿饮食、旅游者期望、旅游者满意度等影响因素的研究频繁出现。单一学科的研究可以促使学者较为深入和透彻地对旅游体验进行研究，但同时也导致了单一领域中的重复研究，使得对于旅游体验的研究缺乏创新性。

（五）实证研究中群体的区分性较差，缺乏对比性的实证研究

目前很多学者在实证阶段未对旅游者进行区分，而是笼统地将所调查的旅游者全部纳入旅游体验的相关研究中。不同群体的旅游者由于出游的动机、游玩的形式导致了对旅游体验的感知不同，因而不加区分地对各个旅游者进行研究会导致最终得出的研究结果不具针对性。此外，很少有研究针对不同群体的旅游者体验进行对比分析，导致目前针对特定旅游群体的旅游体验影响因素研究较为匮乏。

针对以上文献中的优点和存在的不足，本书从以下几个方面对其进行相应的完善。首先，对旅游体验、旅游体验质量、旅游满意度进行了相应的区别和划分，同时对本书的研究主题旅游在场体验进行了概念界定；其次，针对目前研究中过于宽泛的现象，本书着重选取了旅游在场体验这一细化阶段的旅游体验进行深入研究，将旅游在场体验与其他阶段进行剥离，从而将影响其他阶段旅游体验的因素从旅游在场体验影响因素中剔除出来；再次，从旅游体验的本质出发，借助心理学的相关理论及模型，对旅游在场体验这一个体反应进行研究，并参考情境理论和"S-O-R"理论对本书的基础理论模型进行了完善和发展，力图采用跨学科的研究方法对旅游在场体验进行研究；最后，针对实证对象笼统无区分的研究现状，本书依据外国学者对旅游者的分类及各自特性研究的成果，拟选择团队游客和自由行游客进行旅游在场体验的影响因素研究，试图得出具有针对性和对比性的不同旅游者群体的旅游体验影响因素研究，进一步丰富特定群体旅游体验

的相关研究。

本章小结

　　本章节分类对旅游媒介、情境因素、个体情绪、真实性和顾客参与等进行了阐述，并对目前主流的旅游体验研究模型进行了回顾。通过对基本概念的研究和国内外相关研究成果的梳理发现，对于目前旅游在场体验的研究还较少，尤其从心理学角度进行旅游在场体验影响因素的研究还存在一定空白；同时，不同学科对于旅游体验的传统研究方法存在较大的差异，导致了对于旅游体验的研究或是借鉴现有理论模型进行若干要素的纯定量分析，或是基于某一学科视角进行纯定性分析，如较多的旅游体验（旅游在场体验）研究是借鉴 Ryan 的理论模型选取几个要素和维度进行定量的实证分析，或是从人类学和社会学的视角对旅游或旅游体验"真实性"进行定性的分析和阐述，探究旅游体验的本质。

第三章

旅游在场体验研究的理论基础

第一节　交互行为场理论

交互行为场理论由美国心理学家雅各布·罗伯特·坎特（Jacob Robert Kantor）提出，在过去的研究和应用中被使用的频率较低，对于这一行为主义心理学的理论，我们要深刻了解交互行为场理论的内涵和发展脉络，需要从交互行为主义心理学之前的心理学体系和交互行为主义理论体系中追溯交互行为场的渊源，而借助其他学者对于交互行为场理论的研究，使我们也可以对交互作用行为主义略见一斑，帮助我们对交互行为场理论的优点和不足以及在旅游体验影响因素研究中的适用性等进行相关的讨论。

一、交互行为场的理论渊源和理论体系

Kantor 曾于 1924 年在《心理学原理》中提出了交互作用行为主义的观点，其提出"有机体与环境之间的交互作用"。在此基础上，Kantor 在随后的一系列著作和论文中阐释了交互作用中交互行为场理论，并对其进行完善和补充，交互行为场理论强调个体与外界之间的交互作用，并详细地划分了除个体反应能力以外的一些交互行为场因素，Kantor 关于有机体反应的心理学研究成果在一定程度上融合了多位学者及心理学流派的成果，同时对后来的心理学研究，尤其是操作行为主义心理学产生了重要的影响。

交互行为场理论强调了有机体与环境之间的相互作用，从一定程度上来说是对传统行为主义心理学的完善和扩充。Kantor 不再单纯地认为个体反应只是基于外部刺激导致，而是存在众多的因素共同交互作用导致个体的反应行为，因此，在交互行为场中包含了众多和个体反应有关的事物。

交互行为场理论中反复提及了"场"的概念，认为造成个体行为反应的不仅在于各种事物的刺激，而更重要的在于其构成了一个"行为交互场"。Kantor

更多地借鉴了爱因斯坦的引力场的概念，即"场"是一个多维度的、连续的、在物理上是真实的实体。"场"是整个事件情境，某一事件的性质取决于在这一事件过程中的整个事件情境……①。交互行为场融合爱因斯坦的"场"理论，并将其运用于有机体心理学的研究中。值得一提的是，交互行为场中的"场"和格式塔心理学中的"场"存在一定的差别，kantor认为"格式塔心理学"中的"场"虽然也是借鉴了物理学中"场"的概念，但是其更多的是注重各种符号、形式的组合，其描述的是心理意义上的现象或者经验。而kantor强调应该引入"心理事件"对"场"进行更为细致化的阐述，才能对"场"的意义进行深刻的描述。

Kantor的交互行为场理论摒弃了华生对心理主义的机械主义和生理还原论的极端思想，并未将个体的反应简单地还原为肌肉收缩、个体生理上的腺体分泌等反应，而是将各种对个体行为产生影响的因素融合到"场"的环境中，认为单纯的刺激和反应不能构成个体的行为整体，个体行为应涉及更多的相关因素从而才能有效地构成一个整体事件，在这个事件中刺激物、媒介物、过往经验、个体反应能力及各种情景要素都发挥着自己独特且分工明确的作用，使得有机体最终能够产生相应的反应。

所谓的交互行为场是指"有机体对其周围环境的适应行为"，"心理事件场"实际上是基于心理学的"S-R"的刺激与个体反应的原理而对交互行为作用的一种界定。交互行为场认为个体反应是一个连续的行为整体，其可以划分为微小的行为片段单元，而"心理事件"是对个体与环境交互作用的一种表述，每一个心理事件都是一个行为片段单元，因此，从某种意义上说，"心理事件场"与交互行为场是等同的，其都是基于个体反应及周围环境而构建的一个交互作用场。

交互行为场认为心理事件和一般的生理事件是截然不同的。前者是个体基于周边环境（涉及刺激物、接触媒介、情境要素）及个体自身（反应能力和过往交互史）等产生的一种反应，而生理事件只是指那些由个体的生理机能或者器官运作而产生的一系列反应。由于个体反应产生的机理不同，两个概念之间存在明显的生物学和心理学之间的差异。交互行为场对于心理事件与生理事件的区分，在一定程度上将其行为心理学理念和华生的机械主义行为研究进行了划分，华生认为个体的反应均来源于生理机能和腺体分泌，而Kantor则强调个体的反应是受到了诸多因素的影响，而很多因素（尤其是情境因素、过往交互史、接触媒介等）是个体生理机能无法控制的。因此，从这个意义上来看，交互行为场理论对

---

① 郭本禹，修巧燕. 行为的调控——行为主义心理学 [M]. 济南：山东教育出版社，2009.

个体之外的因素给予了更大的关注，从而使其对于个体行为的研究在现有的"S-R"（刺激—反应）的模型上进行了进一步的拓展。

除此以外，交互行为场认为"心理事件"是独特的、个体化的，是产生于特定的刺激物和有机体之间的反应，即同一个刺激物对于不同个体所产生的刺激功能是不同的，也就是说刺激物借助接触媒介，并融合不同的情境要素和个体过往经验后，给予个体因人而异的刺激。例如，同样是一根草绳，有的人看到后会联想到可以用其去捆绑物体，而有的人则会因为过往的经历将其误认为是一条蛇，从而对其产生畏惧的感觉。这些不同的个体反应正是"心理事件"的独特性精髓，个体对于刺激物的反应是基于对刺激物的某方面特性格外关注而产生的。仍然以草绳为例，当个体关注绳子的物理用途即可以捆绑物体使其聚集在一起时，个体会用它作为捆绑的工具；而当个体关注于绳子的形态时，便产生了绳子是蛇的误区。因此，个体会借助媒介物接触到刺激物，而在融合了情境背景和个体以往经历的基础上，不同个体对同一物体的不同属性产生关注，此时，同一刺激物的不同刺激功能会引发个体不同的刺激反应，从而导致个体的行为反应是千姿百态的。

总之，交互行为场的界定和"心理事件"特性的阐释，使得交互行为场不同于一般的"刺激—反应"行为主义心理学的范式，其摒弃了华生的机械主义观点，即"刺激与反应之间存在简单固定的关系，即只要给定一个刺激就能有效的预知有机体的反应，而只要知道了有机体的反应就可以推测出刺激"（郭本禹、修巧燕，2009），交互行为场无疑是对这种简单机械主义的驳斥，其认为个体并非简单地接收到刺激就会作出反应，而是将整个有机体与刺激物的反应融入一个更大的空间里进行研究。

二、交互行为场的理论模型和理论假设

交互行为场作为交互行为主义心理学体系中的核心理论，在一定程度上借助了爱因斯坦的物理场概念，该场针对有机体的反应与刺激之间的关系，构建了一个包括刺激物、情境因素、媒介物、过往经验史、反应能力和反应之间相互作用的行为场，如图3–1所示。同时，交互行为场作为一个完备的理论，不仅简化为一个理论范式，交互行为主义者也对交互行为场理论构建了相关的原假设、原假设和一般性理论假设，构建了严密的交互行为场理论体系。

交互行为场认为个体的每个行为片段都可以看成是一个"心理事件"。在交互行为场中，个体在受到刺激物刺激后，产生某一特定反应去适应这个刺激时，个体因自身具有一定的反应能力，同时借助于刺激物与个体之间的接触媒介，在

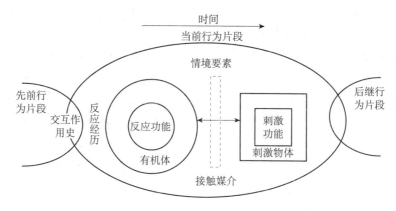

图 3 - 1　交互行为场模型

资料来源：谢冬华，郭本禹. Kantor 的交互行为主义评述［J］. 常州工学院学报，2006，24（6）：25 - 29.

一个较为宏观的情境因素下，接收到特定刺激物的刺激。整个反应行为是在一个特定的环境和一个特定的范围内进行的，个体的反应不仅受到先前行为片段，即以往个体与刺激物之间的交互史的影响，同时又会影响到未来的反应。交互行为片段模型更为形象地描述了个体反应与情境因素、反应能力、媒介物、过往经验和刺激物对于个体行为的影响机理。

交互行为场可以通过公式来进行表述，即：

$$PE = C (k, sf, rf, hi, st, md)$$

其中，PE 是指心理事件；C 是指"场"；k 是指交互行为场的独特性；sf 是指刺激物的刺激功能；rf 是指代有机体的反应功能；hi 是指个体的过往经验或是与刺激物的过往交互式；而 st 是指情境因素，即个体行为发生在何种状况和环境下；md 是指个体与刺激物之间的媒介物。从交互行为场范式可以看出，心理事件是有机体与物体在特定空间和环境下，借助媒介物发生的一系列行为交互作用。值得一提的是，交互行为场虽然定性地研究了个体反应和刺激之间的关系，并给出了详细的心理事件场的模型和范式，但是，在其行为主义心理学研究的过程中，始终对这个范式进行实验研究，这也是交互行为场理论被人诟病的原因之一。

（一）刺激功能

交互行为场中的关键要素之一是刺激功能，刺激功能是刺激物所必须具备的条件，其着重强调了刺激物对于个体行为的影响能力，对于交互行为场所定义的刺激物，谢东华、郭本禹（2006）界定为"刺激物是有机体反应的具有物理化学特征的各种物体，作为刺激物可以是环境中的各种自然物、文化物、各种事件以及其他有机体"。对于个体而言，并非接触到的所有事物、人物和事件都能成为刺激物，交互行为场认为个体只对某些刺激物的某些特性作出相应的反应，而这些刺激物必须是参与到了交互作用场中的刺激物，换言之，只有通过交互行为场的作用机理，有机体才能借助媒介物、情境等因素对刺激物作出适应性的反应，而那些位于交互行为场边界以外的各种事物和人物，由于没有相应的媒介物传递其对于个体的刺激，这些事物和人物进而无法对有机体产生刺激作用。交互行为场对于刺激物的这种界定虽然是出于行为主义的视角，但这种明确的刺激物划分和借助媒介、情境等因素的研究理念，使得交互行为场的行为主义心理学融合更多的其他流派的精华。交互行为场认为的刺激物不仅包含了具体的实体事物，也包括了一些无形的精神产物，如文化、制度等，其穿透了事物的表现价值并深刻地体会到事物背后的内涵，因此，Kantor 对于刺激物的界定突破了传统意义上的实体刺激物的局限，这使得对于个体反应的研究从基于实体刺激角度向更为多元化视角发展。

（二）媒介物

媒介物又称为接触媒介，是联系刺激物与有机体之间的各种事物的总和，是促使个体能够对刺激物产生反应的工具和手段。为了说明媒介物的重要性，Kantor（1924）曾将媒介物和刺激物进行了明确的划分，认为媒介物完全不同于刺激物，前者涉及的是能够给传递刺激物刺激的事物，例如，光波、声波等，这些东西均是帮助个体接触到刺激物所要依托的工具和途径；而刺激物则是个体通过某些途径接触到的事物，例如，我们通过光波看到了美丽的风景，或者通过声波听到了动听的音乐。由此可见，媒介物和刺激物是有显著差别的。交互行为场对于媒介物和刺激物的划分更有效地帮助我们了解导致个体反应的主要原因，而这一划分使得我们界定个体反应行为中不同事物的功能和角色具有重要的意义。

（三）情境因素

交互行为场的情境要素是指"有机体和刺激物之间的任何交互作用总是发生在某种情境关系中"（谢冬华、郭本禹，2006），这些情境关系条件被简称为"情境因素"。情境要素中涉及了周边环境、个体状态等内容，而交互行为场对于情境要素的界定和后期研究产生的各种情境因素（Sells，1963；Kasmar，1970；Belk，1975）具有一定的契合性。情境要素是个体反应行为发生的必要条件，它相当于一个宏观的环境，虽然这个环境中的事物并没有直接造成个体反应，但是，情境中诸多因素的存在会影响个体与刺激物之间的交互作用，对个体反应产生促进或者抑制的作用。例如，个体在不同情境要素下对于音乐的反应是有所差别的，若个体所在的情境设定为咖啡馆，则此时听到音乐的个体会感到非常的愉悦而沉浸其中，若所在的情境是在图书馆，而此时播放音乐有可能会使其感到非常的厌倦和生气，因此，同样是音乐，对于同一个体而言不同的情境因素会促使其产生不同的行为反应。情境因素中的多变的要素使得个体的反应具有多样性，从某种意义上看，交互行为场加入了"情境要素"有效地解释了个体针对同一刺激物会产生不同反应的现象。

（四）反应能力

Kantor 认为在交互行为场中，完备而周全的外部环境不一定能够促使个体反应行为的产生，换言之，个体与刺激物的交互行为作用中只具有各种刺激物、情境因素、刺激媒介等还是无法实现这一作用过程。交互行为场认为个体本身需要具有一种能力来接收到刺激物的刺激进而产生相应的反应，这种能力被称为"反应能力"。有机体的核心便是反应能力，其是交互作用场中与刺激功能相对的一种个体能力，正是由于个体具有这种对于刺激物的反应能力，才能够凭借媒介物对刺激物进行感知和反应，因此，从某种意义上来说，反应功能与刺激功能是相互依存、缺一不可的，而经典的行为主义心理学范式"S-R"也是对这两种功能的一种表述。反应功能在个体应对刺激的过程中是至关重要的，而且个体的反应也是多种多样的，即"有机体的反应典型的涉及整个有机体的活动，这些反应是'整体'而不是'分子的'，有机体表现的反应类型非常广泛，主要包括感知、思维、情感、学习、记忆、推理等"（郭本禹、修巧燕，2009）。

（五）过往经验

除了强调某些外部因素如情境因素、媒介物和刺激物等客体外，交互行为场也注意到个体的主观因素对于有机体反应的影响，强调了个体自身所特有的过往经验对于个体反应行为的作用。过往经验是指有机体与刺激物在以往的行为片段中有过交互作用的经历。个体的行为片段是一个连续的整体，每一个被分割的行为单元（单个心理事件），既是先前行为片段的延续，又是后面行为片段的开始，因此，从这个意义上看，每一个心理事件都将会成为个体的过往交互史，从而对个体以后的行为产生影响。交互行为场认为，个体对于刺激物的若干反应行为是基于个体以往交互史的反复刺激而既定的。不仅仅那些类似于"望梅止渴"的个体生理反应，个体在反复或者曾经接触到某种刺激物后，会在接触当时产生适应这种刺激的反应行为，在以后接触到这一刺激物的过程中，个体有可能会形成一种既定的模式来适应这种刺激，前文所说的"一朝被蛇咬，十年怕井绳"便是这种个体的过往经历对于个体行影响的最好说明。

总之，Kantor 构建了交互行为场理论模型，将传统行为主义心理学中关于"刺激—反应"心理学模型进行了扩充，在秉承"S-R"范式的基础上，又将多种外部因素和有机体自身因素考虑到交互行为场模型中，形成了融合个体反应能力、情境要素、刺激物、媒介物和过往交互史的多种因素的交互作用场理论，为后来行为主义的研究提供了更为宽广的研究视角。

交互行为场作为研究个体行为反应的理论，无论是在要素维度划分、影响要素概括性、研究对象范围还是在实证研究应用方面都具有一定的优势，本书采用这一理论作为旅游在场体验影响因素的基础理论，一方面可以对影响因素重新进行划分；另一方面可以实现交互行为场与其他理论的有机结合，从而挖掘旅游在场体验的一些潜在影响因素。

第二节 "刺激—机体—反应"理论

目前对于旅游体验的研究，学者们除了借鉴营销学的相关理论，"刺激—机体—反应"也多作为研究的理论基础。"刺激—机体—反应"模型即为 1974 年 Mehrabian & Russell 提出的"Stimulus-Organism-Response"（S-O-R）模型，如图 3 - 2 所示。

图 3 - 2 "刺激—机体—反应"模型

资料来源：Mehrabian A. and Russell J. A. An approach to environment psychology. Canbridge mass：MIT Press，1974.

将环境中的因素作为刺激，认为个体针对各种刺激作出反应需要借助机体自身的情绪或者认知等中介，Mehrabian & Russell 的模型在一定程度上解释了环境对人类行为的影响作用。这一理论强调个体是受到外部刺激的作用或是处于某些条件限制（指引起反应的刺激情境）之下才会作出相关的反应，而这一理论因加入了机体因素（Organization）作为中介而使得个体对于刺激的反应具有了因人而异的结果。"刺激—机体—反应"模型在被国内外学者应用于实际研究中时，普遍将环境作为外潜变量，而将情绪作为中介变量，将最终旅游者感知或外显行为作为前两者的产出结果，简言之，其认为处于环境中的个人对周围环境所作出的一系列行为是受到个人情绪状态的中介作用影响。

学者们结合具体研究的领域（如市场营销和消费者行为）对于"刺激—机体—反应"模型中的三个变量作出了进一步的界定和划分。Russell W. Belk（1975）将"刺激—机体—反应"与其研究的情境理论进行结合（见图3-3），对"刺激—机体—反应"理论进行了改良，其将刺激（stimulus）定义为情境和刺激物，将"O"定义为个体，将个体的行为作为个体受到刺激后的反应，即"respone"。

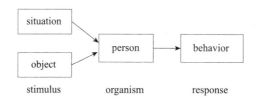

图3-3　修改后的"S-O-R"模型

资料来源：Russell W. Belk. Situatioanl variables and consumer behavior［J］. Jouranl of Consumer Research, 1975, 2（3）：157-164.

Bagozzi（1986）对S-O-R中的变量进行了概念界定，认为模型中的"S"是个人外部的事物，它包含了消费环境中的营销组合变量和其他环境变量的输入。换言之，刺激是指在消费环境中对消费者的认知、意识或者情感等影响作用的环境变量。而"O"代表机体自身的反应，其在模型中介于外部环境刺激和个体最终反应之间起到了一定中介作用，Bagozzi（1988）认为机体是指"介于刺激和最终行为的反应之间的个人内部的过程和结构"。而Bagozzi对于个体反应"R"的界定为个体最终的反应行为，这个行为可以是心理上的反应也可以是外显行为上的反应。

实际上，由于"S-O-R"理论模型中的三个变量可以根据研究者研究领域和研究对象不同产生相应的差异，因此，国内外学者运用"S-O-R"理论进行了消费者购买行为的不同研究。例如，Kim H. et al（2010）借鉴了"S-O-R"模型，将网页相关图片放大技术、网页色彩等作为刺激变量，利用情绪唤醒模型将消费者情绪（愉悦和唤醒度）作为中介变量，探讨了网店购物环境通过个体情绪作为中介变量进而影响消费者购物感知的作用，如图3-4所示。

Walsh et al.（2010）构建了以唤醒和愉悦的个体情绪为中介变量（O），以商店环境线索（其中包括了商店里的音乐、商店里的香气）、商店选择标准（商店质量、服务质量和价格）等消费者购物环境作为刺激变量（S），以"刺激—机体—反应"模型为基础，将消费者对商店的满意度和忠诚度（R）作为消费者最终的行为表现，形成了如图3-5所示的消费者商店满意度和忠诚度的影响模型。

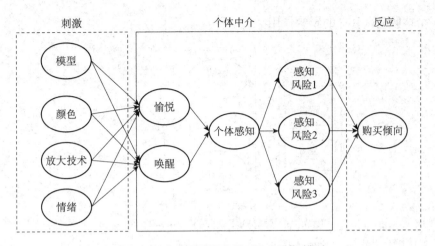

图 3 - 4 个体购买倾向的 "S-O-R" 模型

资料来源：Kim H. , Sharron J. L. E-atmosphere, emotional, cognitive, and behavioral responses［J］. Journal of Fashion Marketing and Management, 2010, 14（3）：412 – 428.

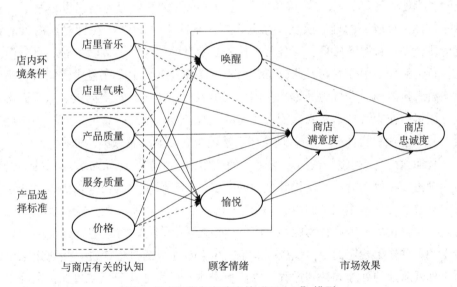

图 3 - 5 消费者忠诚度的 "S-O-R" 模型

资料来源：Walsh, G. , Shiu, E. , Hassan, L. M. Emotions, store-environmental cues, store-choice criteria, and marketing outcomes［J］. Journal of Business Research, 2011, 64（7）：737 – 744.

除了将情绪作为个体中介变量，也有学者（Park M. et al. , 2009）针对顾客购买倾向，进行了"刺激—机体—反应"模型的运用，如图 3 - 6 所示。Park 等（2009）在研究中其将消费者的感知价值和感知店铺形象作为个体中介变量（O），将店铺的品牌声誉和店铺的促销作为刺激变量（S），着重研究了以上变量对于个体倾向（R）的影响作用。

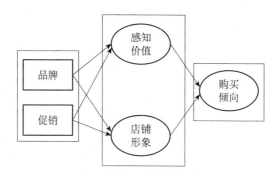

图 3 - 6　顾客购买倾向的"S-O-R"模型

资料来源：Park M. , Sharron J. L. Brandname and promotion in online shopping contexts［J］. Journal of Fashion Marketing and Management，2009，13（2）：149 - 160.

在国内的研究中，学者们对于"刺激—机体—反应"理论的应用也日趋广泛（粟路军，2011；马小琴，2010），他们对于消费者行为的研究也是基于"刺激—机体—反应"的理论模型并加以拓展。粟路军（2011）在针对旅游者忠诚度的研究中，将服务质量、服务公平性和旅游者参与等作为刺激变量，将旅游者的正负情绪作为中介变量，研究了各个外生潜在变量与中介变量对于旅游者满意度旅游者重游倾向等行为的影响作用。马小琴（2010）将社交因素、氛围因素和设计因素等作为影响消费者惠顾购物街的刺激变量，将消费者的情绪作为中介变量，将"刺激—机体—反应"理论应用于消费者商业街惠顾的意向研究中。

总而言之，"刺激—机体—反应"理论作为一个被广泛认可和应用的消费者行为理论，在市场营销领域得到全面的发展，学者们对于这一理论中各个变量的界定和选择也各不相同。同时，"刺激—机体—反应"理论在一定程度上完善了心理学中最初关于个体行为的"S-R"（即刺激—反应）的模型，其强调个体在接受刺激并作出相应的个体反应并非是一个简单完成的过程，进一步肯定了个体对于外部刺激的处理和认知过程，并认为个体的行为是基于个体内部机能的中介调控。针对"S-O-R"理论的研究成果和应用范围，本书中也将"S-O-R"运用于旅游者在场体验的个体反应研究中，并将其与交互行为场理论进行一定程度的整合，从而更为全面地对旅游者在场体验进行了研究。

第三节　情境理论

在众多的情境理论中，较早提出情境理论且广为研究者借鉴的是 Belk 情境理论。Belk（1974）对情境要素给予的定义为"在某一个特定时间和特定地点中特殊事物，这些特殊事物不一定按照个体自我和各种可选择的刺激物的相关认知去发现，而是这些特殊事物对于消费者当前的行为具有一定的显而易见和系统性的影响力"。简而言之，情境是"在一个特定的时间与空间中，对个体行为具有明显且系统性影响的所有因素"（刘元安、黄上凤，2003）。Belk 于 1975 年针对已有的研究将情境理论对于个体行为的影响以模型的形式展示，借助心理学中的"刺激—个体—反应"模型，将影响个体行为的"刺激"划分为"情境"和"标的物"两类。Belk 的这一情境模型为后来研究者进行消费者行为提供了有效的依据，同时强调，所谓的"标的物"和"情境"是有所区分的，从而将外部环境中的各种因素进行了一定的划分。

　　Belk 关于情境理论的维度进行了五个层面的分类，认为情境要素中包含了实体环境（physical surroundings）、社会环境（social surroundings）、时间维度（temporal perspective）、任务界定（task definition）和先前状态（antecedent states）。这五个维度基本涵盖了 Belk 认为的可能影响个体行为和心理状态全部要素，值得一提的是，基于 Belk（1975）的划分原则，情境要素和标的物之间有明显的差异，因此，在 Belk 的五个情境维度中我们可以看到没有涉及任何标的物的维度。Belk 对于五个维度也进行了详细界定和划分[1]，如图 3-7 所示。

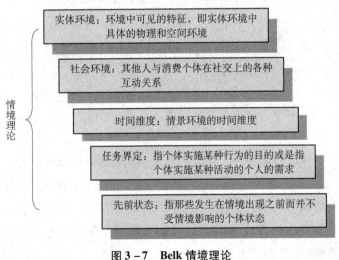

图 3-7　Belk 情境理论

　　资料来源：Russell W. Belk. Situatioanl variables and consumer behavior [J]. Jouranl of Consumer Research, 1975, 2 (3): 157-164.

---

　　① Russell W. Belk. Situatioanl variables and consumer behavior [J]. Jouranl of Consumer Research, 1975, 2 (3): 157-164.

实体环境（physical surroundings）是指环境中可见的特征，即实体环境中具体的物理和空间环境，包括了实体环境中凡是具有视觉、味觉、听觉、触觉等感官刺激的事物，例如，店内的装潢、环境氛围、灯光、商品外形和轮廓或刺激物周围的各种物质。

社会环境（social surroundings）强调其他人对于个体行为活动产生的影响。着重探讨了其他人与消费个体在社交上的各种互动关系，其关注于消费个体与他人之间的互动、个体周围的社会氛围等。Belk 将其划分为"其他人的存在、其他人的个性特征、他人出现的角色和个体与他人之间的社交互动"。

时间维度（temporal perspective）是情景环境的时间维度，可以用何年何月，或是何种季节的哪个时间段来表示。时间维度具有双重的意义，一方面可以具体指具体确切的时间，如消费个体活动的时间是何年何月何日何时等；另一方面也可以表述为相对的时间，即个体活动中某一个具体的阶段，例如，消费者上次购买行为之后的时间，消费者吃过晚餐之后的时间，或者是旅游者前往旅游目的地前、在旅游目的地游玩中、旅游结束后的时间。

任务界定（task definition）是消费者想要或者需要进行选择、购物、获取信息等一系列行为状态，即指个体实施某种行为的目的或是指个体实施某种活动的个人的需求。同时 Belk 也明确地区分了任务界定的特性，Belk 认为任务在一定程度上反映了购买者或者使用者在活动参与中的角色状态。例如，一个为庆祝朋友结婚而购买的小型家庭电器和单纯为自己使用而购买的家庭电器是不同的，因此，个体实施某种行为的目的和自身需求会影响到个体在特定情境中的心理状态，最终影响到个体行为的实施。

先前状态（antecedent states）指构成 Belk 情境要素理论的最后一个要素，指那些发生在情境出现之前而并不受情境影响的个体状态。Belk 将先前状态划分为了临时情绪（momentary moods）和临时状态（momentary conditions），其中，临时情绪包括了个体明显的忧虑、快乐、敌意和兴奋等；而临时的状态涉及有足够的先进支付能力、疲惫和生病等。先前状态用于区别个体进入特定情境之前的状态和个体进入情境后获得的状态。例如，当个体情绪低落时，会选择去看一场电影（这是个体的先前状态），而事实上个体在看完电影后会感到高兴，这就是消费情境中的状态。

心理学认为，个体对于外界的刺激更多是通过"刺激—有机体—反应"（S-O-R）这一范式运行的，即个体接收到外界的刺激，通过自身的调整，最终作为针对这一刺激的适应性反应。Belk（1975）在其情境因素的研究中提出了基于心理学范式的情境模型，即"情境"（situation）和"目标物"（object）属于"刺激"（stimulus）范畴，是对个体产生影响的外部因素；"旅游者"属于"有机体"（organism），是接收到外部刺激的个体；"行为"属于个体的"反应"（reponse），即旅游者个体作为调整性的反应，以应对外界给予的刺激。消费者的行为是对其接收到的产品或是服务作出的反应，这种行为是个体的最显著的消费反应，因此，将消费者行为纳入个体反应层面是无可厚非的。Belk 情境理论对消费者情境进行了五个方面的界定，而消费者购买产品的情境历程，消费者情境又可以划分为三种类型，即沟通情境、购买情境和使用情境（符国群，2010）。其中，沟通情境是指消费者接受人员或非人员信息时所处的具体环境或背景，对于消费者而言，无论是上述何种人员进行信息沟通，均会对消费者的接收状态有着一定的联系，例如，消费者在观看电视广告时，是否有他人在场、广告在何种时段播出对于消费者对信息的接受都有着一定的影响。购买情境是消费者情境因素研究中的重点，强调消费者在购买或获取产品时所处的情境，一般涉及购买决定和实际购买时所处的信息环境、零售环境和时间压力①。使用情境则是指消费者在使用产品时所面临的情境。值得一提的是，这三种消费情境与 Belk 的情境有着一定的联系和区别。Belk 情境指出情境中包括了实体环境、社会环境和时间维度等，而符国群的情境因素中也将这三者融入沟通情境、购买情境和使用情境中，并且实体环境、社会环境和时间维度在沟通情境、购买情境和使用情境中并不相互排斥，即消费者在产品的购买情境中有可能受到了时间的压力、社会环境等的影响，而在使用情境中同样也会受到时间维度、实体环境等的影响。

本章小结

本章重点针对交互行为场理论进行了理论的介绍和阐述，交互行为场理论是交互行为心理学体系中的核心理论，其基于基本的"S-R"理论进行模型扩展，将原有的刺激从单一刺激扩展到了综合"刺激物刺激功能、情境因素、接触媒介、过往交互史"等多个因素构成的"场"，也在一定程度上对个体反应的客观刺激进行了全面化的概括，而其同时提出了各个要素间的相互作用关系，承认和肯定了过去交互经历对于现在个体反应的影响作用，这在一定程度上是对原有的"S-R"理论进行了完善。

针对交互行为场理论所秉承的"S-R"理论在现有研究中的不足和局限，本

---

① 符国群. 消费者行为学 [M]. 武汉：武汉大学出版社，2010.

书进一步回顾了"S-O-R"理论和 Belk 情境理论的相关内容，对这一理论进行了理论和理论发展应用的相关阐述。本书对情境理论的相关回顾对于多种理论间的整合研究具有重要的作用，Belk 情境理论在一定程度上借鉴了"S-O-R"理论，同时，这一情境理论与交互行为场的情境因素又有很大的相似性，因此，Belk 情境理论可以将三个基本理论衔接起来，为旅游在场体验影响因素的交互作用模型奠定了理论基础。

第四章

基础理论、旅游在场体验及影响因素的再认识

本章针对前文不同理论的特点进行了多个理论间的相互整合研究，对各个理论与旅游在场体验的相互关系进行了探讨，并结合前文的文献对旅游在场体验真实性、旅游情绪、旅游情境等影响因素进行再思考。

第一节　多种理论的整合研究

交互行为场理论将个体行为归结为个体周围"场"环境中的综合因素影响的结果，进一步将个体反应中"刺激物S"拓展为一个综合了刺激物、情境要素、接触媒介、过往交互史和个体反应能力等融合而成的综合因素。但由于交互行为场理论对心理学"刺激—反应"的秉承，使得该理论虽对刺激物"S"进行了扩充和发展，但仍忽略了个体接受外界刺激后的个体组织反应，归根结底，交互行为场仍是"S-R"理论的一种延伸，而并未对个体机体的中介作用进行肯定。而现有的研究表明，个体对于外部刺激"S"所作出反应并非是"刺激—反应"的直接结果，学者们（Mehrabian & Russell，1974；Russell W. Belk，1975；Bagozzi，1988；Walsh et al.，2010）的实证研究表明，个体对于外部刺激的反应是基于"刺激—机体—反应"这一模型，即"S-O-R"模型。"S-O-R"这一模型充分肯定了个体情绪或者个体认知对个体反应行为的中介作用，而相应的研究也表明，无论是顾客的最后购买行为、顾客购买倾向还是顾客忠诚等行为都并非外部刺激的直接结果，其或多或少地以顾客的情绪、顾客感知价值等为中介，从而形成顾客最后的行为反应。

正如我们所知，旅游者自身的情绪状况对于其自身的旅游在场体验的获得具有不可忽视的作用，而交互行为场理论却恰恰忽视了个体情绪的中介作用。因此，Mehrabian & Russell（1974）提出的"S-O-R"很好地弥补了交互行为场理论对于个体情绪或个体认知这一变量的缺失，而两种理论的相互结合，一方面可以完善

交互行为场理论模型；另一方面也是对"S－O－R"理论中"S"的一种拓展，即将交互行为场中的多个影响因素融入"S"变量中，弥补传统"S－O－R"理论中对于刺激物"S"的简单界定。

Kantor 的交互行为场理论中提及了关于情境的概念，认为有机体和刺激物之间的任何交互作用总是发生在某种情境关系中，因此，从这个层面上看，交互行为场理论中的"情境要素"与"刺激物"之间存在明确的划分，这一观点与 Belk 关于情境要素的认识是一致的，即情境与刺激物之间是存在一定的区别的，因此交互行为场理论将个体反应的影响因素划分为情境、刺激物、旅游媒介等，而在 Belk 的情境理论中，这一区分的思想同样得到了体现，Belk（1975）指出，"情境是与目标物（消费者最关注的对象）区别开来的，'情境'即为背景环境而不是囊括消费者的主体关注对象"。同时，交互行为场认为个体周围环境中的事物并没有直接造成个体反应，但是情境要素的存在会影响个体与刺激物之间的交互作用，而 Belk（1974，1975）对于情境要素的最初研究也是侧重于消费者在何种场合和情境模拟环境下的消费行为反应，因此，交互行为场的情境要素和消费者行为学中 Belk 的情境理论具有一定的相似性和互通性。

此外，Belk 情境理论涵盖了多个维度，其并非是仅对于环境的简单描述，Belk 情境理论中包括五方面，分别为：实体环境（physical surroundings）、社会环境（social surroundings）、时间维度（temporal perspective）、任务界定（task definition）和先前状态（antecedent），这五方面交互作用共同形成了影响个体反应的环境。值得一提的是，Belk 情境要素的部分维度与交互行为场理论中的某些影响要素存在一定的重合。例如，Belk 情境理论中的实体环境是指实体环境中具体的物理和空间环境，将其放入消费者行为的研究中，实体环境更多的是指代消费者购物和消费所在地点的装潢、环境氛围、灯光、商品外形和轮廓或刺激物周围的各种物质，因此，Belk 情境中的实体环境与交互行为场中所表述的情境要素较为一致，强调环境中可见的因素。再如，Belk 情境理论中的"社会环境"强调其他人对于个体行为活动产生的影响，着重探讨了其他人与消费个体在社交上的各种互动关系，关注于消费个体与他人之间的互动、个体周围的社会氛围等。其认为这种无形的人与人之间的互动关系会最终影响个体的行为反应。而本书认为"社会环境"之所以会对个体行为产生影响，是因为人与人之间的互动会在一定程度上促使刺激更好地向个体传递，使个体更便于接受和理解刺激物所发出的刺激。而交互行为场理论中所涉及的"接触媒介"是联系刺激物与有机体之间的各种事物的总和，这些事物既包含了连接个体与刺激物之间的物也包括连接两者的人，因此，交互行为场中接触媒介与个体之间的互动关系在一定程度上涵盖了 Belk 情境要素中的"社会环境"维度。笔者认为，交互行为场理论中的情境要素与 Belk 情境理论具有一定的契合性，两者虽然在内容和维度上存在一定的差异，但本质都体现了各种媒介事物对刺激物刺激的传递功能，具有连接刺激物和行为个体的作用。

Belk 情境理论所包含的时间维度、先前状态、任务状态等维度在交互行为场情境要素中未涉及，基于前人的研究成果和对 Belk 理论的理解，笔者认为将"时间要素"融入交互行为场理论，可以在一定程度上弥补交互行为场理论中的时间维度缺失。

基于以上的分析，本书将交互行为场理论与 Belk 情境理论进行了一定程度的整合研究，肯定了交互行为场理论对于情境要素的表述，同时结合 Belk 情境理论，将交互行为场理论中的情境要素进行了扩充，将时间维度、实体环境氛围作为"情境要素"的两个维度，探讨旅游景区或景点所营造的氛围和景区内旅游者对游玩时间的掌控性，而 Belk 情境要素中的"社会环境"因更多地强调了"人与人之间的互动"所形成的氛围，故将其划分到"旅游者与旅游服务人员"以及"旅游者与同游者"之间的互动研究中。通过情境要素为切入点的这种理论整合，实现了交互行为场和情境理论的相互嵌入发展。

第二节　各理论对旅游在场体验的应用研究

一、交互行为场对旅游在场体验的适用性研究

交互行为场理论在长达 60 多年的研究发展中，逐步突破交互行为场理论应用的局限，将交互作用行为主义运用到了对于普通心理学的研究中，因此，很多的有机体内隐行为，例如情感、情绪、推理、学习、记忆等活动，都成为其研究的范畴，这也促使交互行为场理论在社会心理学、心理语言学、逻辑学等多个领域中的发展[①]。

旅游者体验一定是基于刺激物的有效刺激而产生的生理和心理反应，旅游体验作为一种内心的感受、一种意识达到某种程度所产生的感觉，其在属性上属于心理学研究中的内隐行为，而旅游体验作为有机体的对于外部刺激物的个体反应，其整个的产生也与 Kantor "心理事件场"所描述的情形有着一定的相似性，故交互行为场（心理事件场）所研究的对象上来看，旅游体验是属于这一理论

---

① 郭本禹，修巧燕. 行为的调控——行为主义心理学 [M]. 济南：山东教育出版社，2009.

的研究范畴。除此以外，通过对交互行为场理论中各个要素和整个交互作用过程的初步研究，笔者也发现交互行为场中的诸多要素和要素之间的交互作用与实际的旅游体验影响因素也有着很多契合的地方。

二、交互行为场与旅游在场体验的各要素匹配性研究

交互行为场理论涉及了多种因素，而结合现有旅游在场体验的相关研究发现，交互行为场中的各个组成因素在旅游在场体验的研究中可以找到相对应的影响因素变量，这种一一对应的关系使得旅游在场体验影响因素的研究可以在心理学理论的框架下得到重新整合和划分，如图4-1所示。

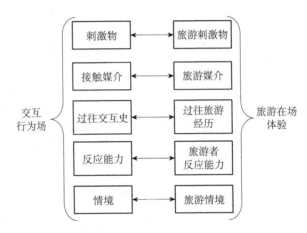

图4-1 交互行为场与旅游在场体验的对比研究

资料来源：根据本书研究所得。

（一）"反应能力"与"旅游者反应能力"的关系研究

在交互行为场理论中，反应能力主要是指个体对于外界刺激的反应能力，即个体是否能够感受到刺激物的刺激并作出反应，这是对个体心智完整的要求，也是个体能够对交互行为场中各个因素产生反应的重要前提条件。而旅游活动作为一种异地旅游并需要借助感官进行刺激接受和反应的活动，其本身的活动性质已经决定了实施这一行为的个体必须具备交互行为场理论中最为基本的个体反应。而个体正是因为具备了这一系列的反应能力，才能够在旅游活动中通过视觉、听觉、嗅觉、触觉、味觉等感官功能实现对旅游中各种事物的感知。因此，作为旅游体验产生的必要条件，旅游者的反应能力已在旅游活动之初进行了甄别，换言之，正常出游的旅游者均是具备反应能力的个体。

（二）"刺激物"与"旅游刺激物"的关系研究

"交互行为场"理论认为，能成为交互作用中刺激物的物体必须要能够参与到交互作用中，因此，刺激功能是在特定的情境下刺激物具有特定的意义和功能属性。同时这些刺激物可以是个体所接触到的自然物、文化、其他人物个体或者在环境中发生的各种事件。交互行为场理论认为，刺激物是促使个体产生相应反应的重要诱因，而要促使旅游者个体产生相应的旅游反应，即旅游者在场体验，其必须是旅游者个体受到了外部某种事物的刺激，因此，我们可以从交互行为场的模型中发现影响旅游者在场体验的重要因素之一，即"旅游刺激物"。

交互行为场中不仅强调了刺激物，同时也对刺激物与情境因素之间进行了划分。旅游者实施了一次旅游行为，其必定在行为动机和旅游在场过程中关注或侧重某一旅游吸引物。也就是说，旅游者在整个旅游体验中必定存在一个特定的具有指向性的旅游关注主体，而其他的旅游目的地的事物进而退化为这一主体的背景。例如，旅游者前往鼓浪屿游玩，其在游玩前和游玩中必定会有一个游玩的主体和对象，对于旅游者而言，其旅游目的地是日光岩，那么在日光岩游玩中的街道、商铺、雕塑、植被等在以日光岩体验的活动中都会成为影响旅游者体验的背景环境，而旅游者关注的日光岩建筑等则会成为此次旅游体验的刺激物。交互行为场强调了刺激物与情境因素的区分，而交互行为场中反复强调的"刺激物"在旅游者体验过程中，无非是对旅游者体验产生重要作用的旅游吸引物或者旅游刺激物，因此本书认为，交互行为场中的"刺激物"与旅游者在场体验中的旅游刺激物是相匹配的。

（三）"情境理论"与"旅游情境因素"的关系研究

对于个体体验的情境因素，Toffler（1970）提出了体验情境说，认为体验是一种可交换物，是顾客在模拟环境或真实环境下产生的间接体验或直接体验，在顾客体验的提供过程中服务人员应考虑情境因素的作用。顾客在模拟情境下获得顾客体验可以使顾客身临其境地体会到各种新奇的刺激体验，而在真实环境中获得顾客体验则给予顾客除间接体验外的实质性收获。Toffler 的体验情境说与现实中旅游者体验的形成具有一定的契合性，肯定了在旅游者体验过程中，个体周边环境中的各个要素可能对个体感知产生一定的作用，从 Toffler 的观点来看，情境要素对于个体体验具有一定的影响作用。

交互行为场理论的"情境"主要是指机体活动的背景因素，这与能够对个体产生直接刺激的刺激物之间存在一定的差别。对于旅游体验的影响因素研究也逐步从旅游吸引物的特性和刺激功能向个体周围的综合性外部因素开展，学者们通过对于不同条件和情境下的旅游者体验、旅游满意度等进行实证研究，进一步肯定了情境因素在旅游者体验等方面的影响作用。因此，从情境的角度来看，交互行为场的"情境"和旅游在场体验中影响旅游者的情境因素具有一定的吻合性，即都强调存在于直接刺激物或者关注物之外的各种环境事物总和。心理事件场将情境这一背景因子作为影响个体反应的因素，而在目前学者们对于旅游体验的相关研究中也肯定了情境因素对于个体体验的影响作用。

（四）"过往交互史"与"过往旅游经历"的研究

交互行为场理论强调了过去行为经验对于现有个体反应的影响作用，而这种"过往交互史"也是个体在受到相似外界刺激后，作出相似个体反应的一种重要的因素，从交互行为场的模型中可以发现，个体的反应行为在时间维度是一个连续的过程，而连接各个时间片段的正是"过往交互史"，个体每一次即时的反应活动都会成为下一次个体反应的过往史。对于旅游者而言，旅游者的每一次旅游体验都会为旅游者留下一定的记忆，而这种过往体验的记忆对于旅游者进行下一次旅游活动产生潜在的影响，正如外国学者对于旅游者体验行为与过去旅游体验回忆的关系研究表明，旅游者在似曾相识的旅游景区或进行重复性的旅游活动时，其现有的体验行为会促使旅游者下意识的产生对过往体验的回忆和重温。而Ryan（1991）在其旅游体验影响模型的先在因子中也强调了过往经验对于旅游体验的影响；Li Yiping（2000）也将旅游者的"回忆体验经历"纳入影响旅游者体验的模型中，并指出旅游者正是通过这一体验回忆和感知的循环性的模型，将上一次体验所产生的情感和感知都映射到旅游者的下一次体验过程中。此外，李晓琴也从定性的角度分析认为，旅游者体验是一个累积的过程，而过往体验势必会对现有体验造成一定的影响。

因此，无论是心理学视角下的个体反应还是现实中的旅游者的旅游在场体验，都强调了个体过去的行为交互史和体验史与个体现有行为和反应之间存在着密切的联系，这也在一定程度上说明，交互行为场过往交互史和旅游在场体验中的"过往经历"具有一定的理论和现实的吻合性。

（五）"接触媒介"与"旅游媒介物"的关系研究

在交互行为场中，"接触媒介"是指那些联系刺激物与有机体之间的各种事物的总和，是促使个体能够对刺激物产生反应的工具和手段。交互行为场认为，接触媒介是那些传递刺激物刺激作用的物质，正是因为接触媒介的存在，才保证个体能够接收到刺激物所发出的刺激信息。在旅游体验的相关研究中，中外学者对于不同的旅游刺激媒介物进行了细致而深入的研究，无论是"非人物"的旅游媒介，如景区的广播、广告牌、多媒体电子设备，还是"人物"的旅游媒介，如旅游服务人员、导游、当地居民和旅游同伴等，他们在个体获得旅游在场体验的过程中都起到了传递信息、促使个体更好地接收到旅游目的地信息的作用，帮助旅游者更好地了解和感知所游玩的刺激物。故交互行为场中涉及的"接触媒介"在旅游者在场体验的影响因素中同样存在。因此，交互行为场理论中阐释的接触媒介与旅游在场体验中的接触媒介具有相互对应的关系。

总之，旅游体验是一个社会化结构的概念（Lis P. & Daniel R.，2009），其意味着旅游体验是与各种社会、环境的演化物以及旅游活动所有构成等密切相关的。交互主义心理学从某种意义上正是契合这种旅游体验的研究，其强调人对外界刺激作出反应，不只是基于"刺激—反应"的机械模式，还受到了整个周边情境环境、刺激传递的媒介系统以及个体以往的刺激史（过往经验）等影响。因此，从某种意义上来看，交互主义心理学的理论模型为本书研究旅游体验尤其是"在场"旅游体验的影响因素提供了一个基础框架，重新梳理了关于"在场"旅游体验的因素分类，构建了一个从情境要素、旅游刺激物、旅游媒介物和旅游体验过往史的影响因素的交互作用模型。

三、"刺激—机体—反应"和情境理论在旅游在场体验中的应用

前文关于旅游在场体验与交互行为场理论的关系研究表明，旅游在场体验作为个体在特定环境下对外界刺激作出的一种反应行为，其在心理学的层面上与交互行为场所描述的个体行为反应具有吻合性，而本书对于旅游者在场体验影响因素的研究，除了创新性地引入了交互行为场理论，还针对交互行为场理论中阐述的各个因素（情境因素、接触媒介、过往交互史等）引入了"刺激—个体—反应"（S-O-R）理论和情境理论进行了适当的扩充，如图 4-2 所示。

本书将旅游在场体验与"S-O-R"理论和 Belk 情境理论相结合，通过"S-O-R"理论的引入完善了个体情绪变量的作用，弥补了交互行为场理论对于个体情感或认知等中介作用缺失的不足。参考前人对于情绪变量的实证研究结果，本书将情绪变量划分为两个维度，通过积极情绪和消极情绪对个体在场体验进行研究。情绪变量的划分主要借鉴了以往顾客体验、旅游者满意度、忠诚度的研究成果，而情绪变量的介入将个体反应行为与外部刺激之间的直接作用进一步深化为"刺激—情感—反应"的反应链条，从而使针对旅游在场体验的研究更为科学化和系统化。同时，针对交互行为场中的情境理论，将 Belk 情境理论进行了嵌入式整合，通过对比 Belk 情境理论维度与交互行为场理论中的各个要素，对交互行为场中情境要素进行了扩充和合并。通过多个理论的整合发展研究，本

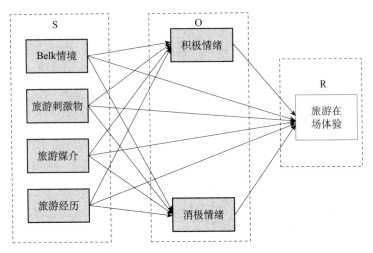

图4-2 "S-O-R"、情境理论与旅游在场体验的整合模型

资料来源：根据本书研究所得。

书形成了关于旅游在场体验影响因素的理论框架，将心理学视角下的旅游在场体验这一个体反应行为与消费者行为学的情境理论和"S-O-R"理论进行了有效的结合。

第三节　旅游在场体验及影响因素的再认识

一、真实性的再认识

学者们对于旅游真实性的研究，例如，真实性存在于何种状态中，应从何种角度审视真实性，甚至现实中是否存在真实性等诸多问题学者们仍存有分歧和不同结论。旅游体验中是否存在真实性，真实性与旅游在场体验存在何种关系，都是本书在进行在场体验影响因素中需要考虑的问题。

（一）旅游体验真实性存在与否的探讨

Wang（1999）认为，旅游者体验的真实性不在于客观事物，而在于旅游者的主动参与其中的感觉。其认为真实性是存在的，并且能够通过旅游者主动参与旅游活动而被捕获。此外，Wang对于旅游体验的真实性意义进行了概念性的划分，将旅游体验真实性的概念划分为了内心和个体交互两个维度，同时验证了存在的真实性可以在很大程度上提升对旅游的"真实性追求"模型解释力度。

Handler R. & Saxton（1988）认为，真实性常适用于有形艺术品；而"体验真实性"通常施用于表演艺术及其环境。而 Cutler & Carmichael（2010）对于真实性存在的条件则更为苛刻，认为"真实性只有被涉及旅游者体验并且是旅游者在旅游体验中所追求时才能被理解"。Culter 认为真实性并非客观存在的，而是必须与旅游者的内心感知触碰才能够体现出来，而单纯学术意义上的真实性不具备任何的操作性，其只有放在旅游体验中并且是旅游者深切追求时，才能体现出真实性的意义。

也有学者从辩证的角度来进行真实性存在的判断，Taylor（2001）认为，真实性只有在旅游者感受到"不真实性"时才有存在的价值和意义，旅游者对于真实性的追求是源于旅游者周边环境中不真实的事物与日俱增。因此，从 Taylor 的观点来看，旅游者对不真实事物的恐惧和焦躁会激发出个体对真实性的追求，而此时对比与旅游者认为的"不真实"事物，真实性才有存在的价值。

但对于旅游体验真实性的学说，很多国外学者则抱有质疑的态度（Olsen，2007；Bell & Valentine，1997；Germann Molz，2004；Jackson，1999；Meethan，2001）。Olsen（2007）认为真实性的概念以及真实性在用于理解旅游者体验中的作用还有待商榷。Bell（1997）则尖锐地指出，随着文化的变迁，社会历史遗留的"纯的事物"（pure）已经不复存在，因此，学者们讨论的真实性已经无据可依。除了对于真实性是否存在的讨论，Jackson（1999）认为，对于旅游企业而言，真实性的讨论并无太大意义。其通过对于旅游文化制造品商业化的研究得出，与其关注于旅游真实性这类问题，还不如更为切实地研究如何将旅游者产品真实化，即如何实现通过个体对于旅游真实性的宣传而更多地获得利益。

此外，真实性的存在深刻影响着学者对于真实性是否可以用于旅游者体验的研究领域。Cohen（2002）提出，如果我们想了解旅游者行为产生的动机，那么我们不应该聚焦在学术层面的"真实性"，而是应该研究"真实性"如何被旅游者理解和感知。Rebecca Sims（2009）认为应该区分地看待真实性在旅游体验中是否存在的问题，其认为现在旅游者是在追求客观和存在性真实感，但是并不是每个旅游者对于真实性的追求都完全一致。其认为一些旅游者花费了大量的时间金钱甚至是不惜一切代价去远足或感受更多的非舒适感，借此体验一些从未体验过的环境和文化，而另一些旅游者有可能倾向于简单的放松、拥有更多美好时光和体验存在性的真实感。两种旅游目的不同的旅游者对于真实性的感知是截然不同的，或许前者认为磨难性的体验是一种真实感，而后者会认为体验轻松享受时光即是一种真实感。笔者认为，在旅游体验的真实性是否存在的争论中，Wang（1999）的观点无疑是更具有现实性，即"真实性"是否存在取决于旅游者的感知和旅游者的主动参与。Donald L. Redfoot（1984）指出不同类型的旅游者对于真实性的感知存在差异，即有的旅游者（如 the first order tourist）喜欢使用相机拍照、喜欢参观著名的景点、避免与周边的环境进行真实的交流，这类旅游者对于真实性的追求和感知程度较低，甚至有时是刻意的逃离"真实性"；而有的游客（如 angst-ridden tourist）渴望与当地的文化和真实场景接触，希望在旅游途中遇到一些新奇的事物，并很享受旅游活动带给其的真实感和旅游体验。[①] 因此，旅游者自身对于真实性的追求和其主动参与真实性事物的行为会导致其对于"真实性"的理解存在差异。换言之，对于同样的旅游景点或者景区，有的旅游者会明显感觉到真实性的存在，而有的旅游者则会对其漠视或者逃避，故诸多学者仅从理论内涵和客观事物角度对"真实性"的存在进行讨论是无法完美解释 Donald L. Redfoot 等提及的旅游者行为表现的差异。

（二）真实性与旅游在场体验的关系思考

从旅游企业的角度来看，"真实性"已经成为景区或者景点开发中不可小觑的重要因素。但是真实性又对旅游企业造成了一定程度的困惑，企业一方面为了追逐商业化的利益而不得不加入一些商业化的开发元素；另一方面又不得不尽可能地保持景区景点的"原生态"和"本真性"，以满足旅游者对于高品质旅游体验的真实性追求。从这个意义上看，理论层面或者是几近苛刻的真实性定义已经无法从现实的旅游开发中得到彻底的展现，而 Jackson（1999）提出的"真实化"反而与旅游企业开发者的理念相符。这种"真实化"的过程是将真实性转化为可操作的、对真实世界中的旅游体验更有意义的过程，其一方面指导旅游企业更多地缔造一种"舞台化的真实"（staged authenticity），并通过真实化的旅游产品获得一定的收益；另一方面又可以满足旅游者旅游体验中对于真实性的追求，以期通过某些真实化的事物来获得愉悦的旅游体验。正如迈克坎奈尔（MacCannel，1973）所言，旅游者旅游和获得旅游经历的动机是出于追求真实性，但由于旅游景观的"舞台化"以及现代旅游的产业化发展，旅游客体的"本真性"已经被屏蔽起来，对于旅游者而言，他们只看到一个貌似真实的"前台"，而"后台"才是当地人的生活空间。MacCannel（1989）随后又对"舞台化的真实性"进行阐述，其界定的"舞台化的真实性"是指为组织一个旅游场景，而这个能够为旅游者提供类似其所要追求的真实性体验。因此，美术博物馆的产品、外国传统的文化节、历史纪念碑都是作为常规性的"舞台化真实性"为旅游者提供这种体验的。其实，这种貌似真实的舞台对于某些旅游者而言并无差异，因为其主观

---

① Doanld L. Redfoot. Tourist authenticity, touristic angst, and modern reality [J]. Qualitative Sociology, 1984 (7): 292 – 309.

认定其为真实性的，而且这种"舞台化的真实性"没有被戳穿以前仍旧可以给旅游者带来一定的审美愉悦和旅游体验，因此，对于旅游企业而言，这种"真实性"还是颇具有益性的。Bruner（1994）对于"真实性"含义的界定在某种意义上与 Jackson 的"真实化"有相通之处，Bruner 强调真实性的一种含义是"真实意味着对历史准确和完美的仿真"，从这个含义可以看出某些"舞台化的真实性"也可以界定为真实性，即使它是出于其他原因对于原有事物的仿真和还原。

此外，从旅游者体验的角度来看，Wang 的"真实性"见解对旅游在场体验的影响维度有着重要的意义，Wang（1999）指出"真实性"是否存在取决于旅游者的感知和旅游者的主动参与，其强调的是旅游者参与且自身主观感知到了真实性的存在。从某种意义上说，真实性问题中的"原始的"或是"真正的"界定对于旅游者而言并不重要，只是研究者认为"可信的事物"必须要和"真的事物"区别开来，从旅游者的视角来看，他们只需要分辨旅游吸引物是"貌似不真实"或是"貌似真实"（Crang，1996）。这符合交互主义心理学中关于刺激物和个体之间的交互关系。交互行为场认为刺激物不仅是客观存在的事物，其必须是能对个体产生一定的刺激，而个体也必须能够接收或者感知到刺激物的刺激后才能对刺激物作出相应反应。故如果旅游体验中的真实性事物仅仅是客观存在于旅游世界中而未被旅游者感知到，便不可能对旅游者产生任何的刺激作用。继承 Wang 的观点和 Kantor 的交互理论，笔者认为，"真实性"在旅游在场体验的影响中起到了重要的作用，其在某种程度上是对旅游者旅游体验产生刺激的各种刺激物所必需的特征，只有这种刺激物具有可以被旅游者感知到的"真实性"才能够通过旅游者与刺激物之间的交互作用产生旅游者的在场体验。因此，本书对于刺激物真实性的结论更多地从旅游者体验的主观感知来界定，即旅游刺激物的真实性取决于旅游者的主观感知，而这种具有主观真实性刺激物也是对旅游者在场体验产生重要影响的因素。

二、旅游情境因素的再认识

传统的情境要素侧重于顾客在实体环境内的研究，而旅游在场体验的情境要素则针对旅游者购买、消费无形产品过程中所感知的各种因素开展，因此，为了更好地研究旅游在场体验的情境因素，本书对旅游情境要素进行进一步的思考。

（一）情境因素对旅游者的影响作用

情境因素除了对实体店顾客的行为产生影响，对旅游者个体行为也会产生一定的影响。Kakkar & Lutz（1975）在针对情境要素的研究中强调，情境的功能在于引起人们心理状态产生变化，而这种心理状态进而会影响到个体的外显行为。

在国内研究方面，情境因素这一名词在旅游者体验方面的研究较少，很多学者在旅游体验的研究中，更多地使用"环境"或"环境感知"等词来描述旅游者进行体验时的周围环境，并对环境在旅游者体验中的影响作用进行了认定。在情境、环境感知等方面的研究中，学者们基本上证实了情境要素对于旅游者行为和旅游者体验的影响作用。

高俊雄（1993）认为，"一个人的感官、知觉心智和行为会不断和周遭的环境产生互动关系，参与者从这些互动关系中得到感受与经验"①。赖允荃（2008）通过对旅游"环境感知"的研究发现，环境与旅游者的感受度成正向关系，即当旅游者体验的环境愈好，旅游者从事旅游体验活动时便具有更好的感知，同时所获得的感受度愈高。张孝铭（2008）在对中国台湾清境农场旅游者体验的研究中，选择了自然景观、硬件设施、交通状况等作为旅游者环境感知的维度，并验证了环境感知与旅游者体验之间存在显著的正相关关系。

王毅菲（2007）所构建的 RBD 旅游体验三维坐标系中也涉及旅游氛围情境因素和旅游行为情境因素，前者代表旅游者的主观感知因素，后者代表旅游目的的客观因素。旅游行为情境的环境、服务质量和文化氛围因素对旅游者体验的愉悦度都具有显著影响作用；互动参与性则对旅游者的环境融入度有显著影响；旅游氛围情境因素则对旅游者愉悦度没有显著的正向影响作用。

潘莉（2012）对处于不同旅游体验情境下的旅游者进行访谈，研究发现，旅游者进行外在肤浅的旅游角色模仿时，旅游者融入旅游情境的程度较低，旅游者感受较简单，旅游者体验较为浅层；而当旅游者进行存在模仿时，其融入周围情景较深，此时旅游者的体验多为深层体验，即"与自然无限贴近""思想满足、自愿放逐""内省"和"童话式的喜悦"等。潘莉的研究论证了旅游者对于情境的融入程度在一定程度上会影响旅游者在场体验的获得程度。

姜海涛（2008）在理论层面上认为，旅游体验的场涉及主生活场、客生活场、期望场、情境场和旅游场，并将情境场细分为"食宿情境场、游览情境场、娱乐情境场和购物情境场"四个类别，在游览情境场中作者强调期望场与情境场之间的交互作用是检验旅游体验质量高低的重要标尺，而导游、领队、目的地居民等中间人对于旅游者"期望场"和"情境场"的交互起到重要的作用。

储玖琳（2009）借助 Belk 情境要素理论对前往西安大唐芙蓉园旅游者决策行为进行研究，分析发现，社会情境、时间情境、出游前状态和外界实体情境对于旅游者均有不同程度的影响，如社会情境中的旅游交通和市场营销因素，社会

---

① 高俊雄. 休闲参与体验形成之分析 [J]. （台湾）户外游憩研究，1993，6（4）：1 - 12.

情境汇总的旅伴亲友和服务人员态度，出游前的心情等因素，对于旅游者决策具有显著的影响。而实证发现 Belk 情境因素中的时间情境（即出游季节和出游时间安排等因素）对旅游者决策行为未产生显著影响。

范明真（2012）针对旅游者购物行为的特征，结合 Belk 情境理论的五个方面的研究，将旅游者购物情境要素分为实体环境、社交环境、时间构面和任务界定等四个维度，其研究发现，旅游者的四个情境维度均会对旅游者购买旅游产品的回忆体验产生显著的影响，但是，旅游者对于情境关注不因人口统计因素的差异而产生差异。

目前学者们对于旅游情境的研究较少，对旅游情境要素的具体构成也未达成一致，很多研究者借用情境这一概念对旅游环境进行总体描述，但只有少数学者将旅游情境与经典的情境理论进行结合，将情境详细地划分为若干个可测量的指标。

（二）旅游在场体验中情境因素的选择

回顾情境理论的发展历程和各个维度的界定可知，情境理论主要是个体消费者实体环境内的购物或消费行为构建的，因此，情境理论的细化维度中包含了更多实体环境的要素，如 Sells（1963）情境模型中包括庄严、温和、群体结构、角色要求、场景的新奇性以及先前的体验等，Kasmar（1970）的情境模型中包括产品尺寸、容量、规模、情绪、颜色、结构、功能、光照强度、审美效果、天气、色彩、听觉效果等。Belk（1975）情境理论大致划分为实体环境、社会环境、时间构面、任务特征和先前状态。符国群（2004）的情境包括购物时的天气情况、购物场所的拥挤程度、消费者当时心情等因素。从这些经典的情境要素划分中可以发现，这些要素更为细致、具体，同时这些要素也更多地强调实体物质的特性（颜色、形状等），因此，从某种意义上说，这些现成的情境要素是否可以完全适用于无形产品的购买行为研究还有待进一步探讨。

由情境要素维度可知，很多情境要素侧重于有形、有限的实体环境内，因此，对于一个相对封闭的环境（如购物店）而言，探讨其光照强度、色彩、音响效果、环境大小是相对合理的，而这些因素对于实体消费者也确实具有一定的影响作用。但对于旅游在场体验而言，这些要素是否具有完全的可借鉴性还值得思考。众所周知，旅游者的旅游在场体验活动多是在一个开放性或是相对开放性的景点或景区空间内进行，这些开放性的景点或景区大多是基于自然资源或人文历史资源并辅助相应的人工设施构建而成，因此，对于这类购物环境（其本质就是旅游者购买无形旅游产品进行消费的环境），我们无法用颜色、光照、色彩等词汇进行情境的准确描述。同时对于一般景区而言，其容量较大、范围较广，因而传统情境要素中的容量、功能、规模、环境结构等因素对旅游者在场体验的意义不大，故直接借鉴这些要素显然是不恰当的。

旅游在场体验作为旅游体验的重要组成部分，其主要是探讨旅游者在旅游景区、景点内游玩时所获得的个体旅游感受，因此，本书对于旅游在场体验中的情境要素选择侧重于旅游者在旅游景区或景点内的环境。情境是一个涉及多种事物的综合性概念，而景点或景区因开放性环境和较广的范围导致了我们对旅游情境界定和准确描述较难实现，因此，对于旅游在场体验情境要素的选择本书把握两个原则：一是能够准确对该要素进行描述；二是该要素能够被旅游者普遍感知到。Belk 情境理论的五个维度分别为时间状态、社会环境、实体环境、先前状态和任务定义，参考以往学者对于旅游体验的情境因素的相关研究，本书对 Belk 的情境要素五个维度进行了相应的取舍。

1. 时间状态。周庄贵（2002）、程蕤（2008）、储玖琳（2009）的研究显示，个体在特定情境下对于时间的掌控程度对其最终行为具有一定的影响作用。实际上旅游者花费一定的金钱和精力所获得的正是在旅游目的地游玩的时间，而旅游时间是旅游者是否可以充分了解旅游目的地自然人文风貌、尽情享受旅游愉快的保证。情境理论中的时间状态具有双重的意义，一方面指具体确切的时间，如消费个体活动的时间是何年何月何日何时等；另一方面可以表述为相对的时间，即个体活动中某一个具体的阶段。时间状态中绝对活动时间（即何年何月）对于旅游者在场体验的影响作用较小，而相对时间（即个体活动中某一个具体的时间段）对于旅游者在景区或景点内的在场体验意义重大，其代表了旅游者在旅游在场阶段的时间长短。按照本书选择情境要素的标准，首先，时间状态可以准确地进行表述，即游玩时间是否充裕、是否受到限制等；其次，时间状态可以被旅游者普遍感知，即旅游者可以自己对时间作出感知判断；最后，本书将"时间状态"纳入旅游在场体验的情境因素中。

2. 实体环境。情境因素中最重要的无外乎是个体周围的客观环境状态，因此，实体环境对于旅游者在场体验的感知也具有重要的影响意义。谢彦君在旅游体验研究中强调环境中的人口密度和拥挤度对于旅游者体验和感知的影响作用，即当个体感知周边环境人口过高或者较为拥挤时，会产生一定的不悦心理和烦躁感，从而导致个体对周围事物的感知产生负向作用。贾跃千（2009）在对游客景区体验的研究中提出景区整体情境氛围的量表，涉及景区环境整洁、景区氛围良好、景区卫生糟糕、景区与周围环境关系和谐、景区环境嘈杂、景区内气氛喧闹、景区格调高雅等要素。由此可见，周围环境氛围对于旅游者的个体感知是十分重要的，而笔者认为 Belk 情境因素中的实体环境更类似于景区、景点打造的旅游氛围。从指标可测量的角度看，对景区氛围我们可以进行相关的描述，如景区的整体布局、景区的舒适度和景区游玩的自由度等，同时旅游氛围这一情境要素是旅游者可以明显感知到的，因此，景区氛围也可以作为旅游在场体验情境因素。

3. 社会环境。Belk 情境理论的"社会环境"是指个体与周围个体或群体之间的关系，其强调的是个体与周围其他人物的融洽关系。在以往的研究中，社会环境多指消费者与其他消费者、消费者与商店服务人员等的互动关系。对于旅游者而言，在旅游体验过程中势必会接触到两类人群，即旅游同伴和旅游服务人员，而以往的研究也表明，旅游同伴或旅游服务人员对旅游体验、旅游行为能够产生显著影响，因此，社会环境这一因素可以作为旅游在场体验的影响因素之一。但值得一提的是，对比社会环境和旅游媒介的内涵发现，两者间具有一定的相同性。国内外学者对于正式旅游媒介和非正式旅游媒介的研究均侧重旅游者与同伴、服务人员之间的互动关系，因而旅游媒介与 Belk 的"社会环境"具有形似性。为了保证研究的科学性，避免因素相似而导致的多重共线性出现，本书中将社会环境与旅游媒介进行合并，只对旅游者与同游者、服务人员之间的互动交流关系进行了测量，而在情境要素的选择中不再将社会环境纳入其中。

4. 先前状态。Belk 情境理论将先前状态界定为那些发生在情境出现之前而并不受情境影响的个体状态。范明真（2012）在 Belk 情境理论应用研究中指出，由于旅游者购买时间与被调查时间之间存在差异，因此，旅游者可能无法确定旅游行为发生前的个体状态，因此，其未将先前状态纳入实证研究中。旅游在场体验是旅游者的一种主观感知，是不断受到外界刺激影响而产生的临时性自我感知，因此，旅游者的先前状态是一个随时间流逝而不断变化的个体情绪或感知。从实证测量的角度看，先前状态很难进行准确描述，因为"先前"这个时间词语本身就是较为模糊的概念，如果在研究中采用"先前"一词，会导致被调查者很难确定何为"先前"以及何种状态为"先前状态"，因此，从这个角度来看，先前状态不具有准确测量性，故本书中采用与范明真相似的取舍方法，不将先前状态作为旅游在场体验的情境因素。

5. 任务界定。任务界定是消费者想要或者需要进行选择、购物、获取信息等一系列行为状态。对于实体产品消费者而言，其购买某一种产品的任务界定是指个体对产品的了解、购买和消费，有学者将任务界定为是购买产品是自己使用、留作纪念（指实体纪念品）或送给亲朋好友。由于旅游产品生产和旅游产品消费几乎是同时发生，因此，对于旅游产品的购买者，尤其是旅游在场体验的旅游者而言，购买旅游产品进行旅游在场体验本身便是对旅游产品的消费，这种行为已经界定了任务状态为自己使用，而非转送他人。因此，从这个角度来看，任务界定在旅游在场体验中并不适用，所以在场体验的情境要素中不将其纳入研究范围。

综上所述，本书对情境要素进行重新梳理，探讨了情境要素对旅游者的影响作用，并针对旅游在场体验这一研究对象，有目的地对 Belk 情境理论中的各个要素进行了筛选和相似要素的合并，最终选择了旅游时间和旅游氛围两个情境要素作为旅游在场体验的影响因素进行研究。

三、不同游客的旅游在场体验影响因素的再认识

为了深入对比和验证各个影响因素是否对旅游在场体验产生相同或相似的影响作用，本书参考前人的相关研究，着重选取了团队游客和自助游游客两类旅游者进行对比分析。而对于为何选择这两类旅游者作为实证对象，本书进行了一定的阐述和说明。

（一）不同游客旅游在场体验的影响因素分析

根据国外学者对于不同类型旅游者的特性研究，本书以旅游者出游方式作为划分依据，拟对团队旅游者和自助旅游者两种旅游者进行研究。

1. 旅游研究者认为团队旅游和自助旅游分属于不同的旅游者类型。Cohen & Dann（1991）认为，旅游者的世界可以基于"陌生"（strangeness）和"熟悉"（familiarity）来进行划分。Cohen 结合 Schutz（1967）的两个概念论词汇" wir-beziehung"（we-relationship）和"ihrbeziehung"（they – relationship），构建了一个针对旅游者的类型划分[①]。这一划分多是基于旅游者能从旅游企业和东道主那里获得的"熟悉度"（即 Schutz 提出的"we – relationship"）和"陌生度"（即 they – relationship）来界定的。Cohen（1972）提出了旅游者的四种类型，分别为：漂流者（drifters，这类旅游者追求的是在目的地的异域体验和沉浸感）；探索者（explorers，安排了自己的旅程并追求常规的旅游体验）；个体团队旅游者（individual mass tourists，他们充分利用旅行社去计划他们的旅游并寻找尽可能有限的机会去偶遇一些陌生事物）；组织化的团队旅游者[②]（organized mass tourist，他们提前组成团队进行旅游，并尽可能地避免体验中的陌生事物）。Cohen 从"熟悉—陌生"的维度对旅游者进行了划分，团队旅游者属于"组织化的团队旅

---

① Schutz, A. The phenomenology of the social world［M］. Chicago：Northwestern University Press，1967.

② Cohen E. Toward sociology of international tourism［J］. Social Research. 1972，39（1）：64-89.

游者"类型，他们在旅游过程中尽可能以团队为中心，尽量保持对陌生事物的警惕性，其出游的行为和逃避陌生感的旅游心理导致了团队者与前三种旅游者有着明显的差异性。自助旅游者出游的计划安排有可能与"个体团队旅游者"相仿，即会通过旅行社订购相关行程中的旅游产品，但其在行程中会努力地、有意识地去寻找与陌生事物、陌生人群及当地异域文化碰撞的机会，为其旅游行程增加某种特殊感和意义性；其也有可能是与"探索者"相仿，即自己安排行程，并追求一种非特殊化的旅游体验。因此，从 Cohen 的界定角度来看，团队旅游者和自助旅游者在旅游行为和旅游目的上存在着差异化，这也导致其对于周边事物的感知、对旅游刺激物的反应产生差异化。因此，选择团队旅游和自助旅游进行旅游在场体验研究具有一定的对比作用。

2. 团队旅游和自助游旅游者在出游的方式上截然不同，而不同的出游方式会影响旅游者的同游者（游伴）的选择，进而导致两种旅游者与同游者之间的关系存在巨大差异。自助游的游客一般会选择和自己熟悉度高、志趣相投的游伴出游，因此，家庭成员、好友等会成为主要游伴；根据我国团队旅游的实际情况，团队出游的游客所面对的同游者，一部分是自己的同事，另一部分是组团社组织的散客拼团，因此，团队游客与旅游同游者之间的关系较为松散，熟悉度较低，其成团旅游多出于外力原因造成，与自助游旅游者自我选择同游者有着明显的差异性。此外，根据群际理论（刘峰、佐斌，2010），团队旅游者和自助旅游者因为同伴构成不同，团队整体的情绪、行为和体验感知都会有所差别。对于团队旅游者而言，同伴有可能是与自己相关度较低的人员，而游客的整体情绪有可能对旅游体验造成不同的影响。Mackie et al.（2004）研究得出，群体成员会对发生在其他同伴身上的事件产生群际情绪，即使这些事件并非发生在本人身上，但由于群际情绪的传播，作为旁观者的旅游者也有可能对同伴的不幸遭遇产生愤怒反应。这也可以解释团队旅游者有时会对不满意的服务群起而攻之，即使旅游成员之间的人物关系较为松散。从群际理论来看，自助旅游者是属于群体认同感较强的群体结构，而"群体认同程度高的成员会比群体认同感低的群体表现出更高的群际情绪"。因此，团队旅游者和自助旅游者对于外部的感知情绪和旅游在场体验具有明显的差异。

3. 团队旅游者和自助旅游者对与旅游刺激物"真实性"的关注度有一定差别。Donald L. Redfoot（1984）通过挖掘旅游者"真实旅游体验"的含义，依据旅游者对旅游目的地真实性的追求程度对旅游者进行了四类划分，分别为第一序列旅游者（first-order tourist）、焦虑的旅游者（angst-ridden tourist）、人类学旅游者（anthropological tourist）和精神旅游者（spiritual tourist）①。Donald（1984）对四种旅游者在旅游过程中的行为和内心追求进行了详细的阐述，并对比了各类旅游者对真实性的追求意识和行为表现。第一序列旅游者是以团队旅游的形态出现，他们大量地使用相机拍照、喜欢参观著名的景点、避免与周边的环境进行真实的交流。这种行为和组团方式与团队者相仿，"他们的体验被留存在照片中以供将来回忆而用"。而 Milgram（1976）也指出，"团队旅客在各种旅游背景上摆好姿势拍照，象征性的表明他们已经对此处的旅游景点进行了体验。"因此，第一序列旅游者不一定具有真正的享乐旅程，对他们而言，真实的旅游体验就是从日常的生活中逃离和解放出来，这类旅游者更多的是享受家庭和朋友之间的亲情，而不太追求旅游本身的真实性。Donald L. Redfoot（1984）对于第二类旅游者即焦虑旅游者的表述为"他们单独旅行或者尽量避免加入组织好的团队旅游中，他们喜欢学习一些当地的语言或者寻找那些只有当地人才知道的饮食住宿的场所"。这类旅游者也拍照，但与第一类旅游者不同的是，他们会从多个角度、多个焦距拍摄，且拍摄的内容多抓取了一些关于当地居民真实生活状态的场景。这类旅游者蔑视那些仅观光的旅游者，并且利用拍摄照片的不同来体现他们与第一类旅游者的不同。焦虑旅游者严肃地看待旅游活动，这类旅游者希望在旅游途中遇到一些新奇的事物，并很享受旅游活动带给其的真实感和旅游体验。从 Donald L 对于旅游者行为和对真实性追求的分析来看，团队旅游者和自助旅游者分属于第一类和第二类旅游者，与 Cohen 的四类旅游者描述相仿，团队旅游者都是以团队的方式出现，旅游中刻意地去避免接触真实的或对其陌生的事物，而自助旅游者是尽可能不参加组团的团队活动，期望遇到新奇事物，对真实性具有一定的追求心理。因此，对比研究团体旅游和自助旅游具有一定的可比性和研究意义。

4. 团队旅游者与自助旅游者在对于旅游媒介的依赖度有所差异性。Gray Jennings & Betty Weither（2006）认为，不同类型的旅游者对于旅游媒介的选择也是截然不同的。"团队旅游的游客更为期望在旅游活动中接触正式媒介（informal mediation），且正式媒介更有助于提高游客自身的整体舒适性。而漂泊者和探索者类型的旅游者在旅游过程中，更侧重于非正式旅游媒介（informal mediation），他们会刻意地避免正式旅游媒介而伺机寻找非正式的旅游媒介去替代正式媒

---

① Doanld L. Redfoot. Tourist authenticity, touristic angst, and modern reality [J]. Qualitative Sociology, 1984（7）：292-309.

介"①。对于团队游客而言，他们的旅游行程由于旅游团队、时间、缺乏一定的弹性旅游线路等原因，使得他们对于正式的旅游媒介格外钟情，同时因为正式旅游媒介较为容易被识别且利用较为便利，更加促使团队旅游者偏好旅游正式媒介。由此可见，团队旅游者和自助旅游者在旅游行程中，对于旅游媒介的选择也产生巨大的差别。不同的旅游方式和旅游目的会促使旅游者潜意识的偏好某种旅游媒介，故这是本书选择两种团队和自助两组旅游者进行对比研究的另一原因。

因此，基于 Cohen & Milgram 对旅游者类型的划分和相关阐述，结合目前国外的研究成果可知，团队旅游者和自助旅游者是分属于不同的旅游者类型，两者对于旅游体验中刺激物的真实性感知不同。由于两者间旅游行为表现不同、所依赖的旅游媒介不同、所选择的同游者不同等原因，导致了两种旅游者所获得的旅游在场体验具有一定的差别。故本书选择了团队和自助两类旅游者作为实证研究对象，并力图通过实证分析得出两种旅游者的在场体验体验影响因素的感知差异，为旅游企业有效提升旅游者在场体验提供差异化的建议。

（二）对两类不同调查对象的选定

基于两类游客旅游在场体验的影响因素分析可知，自助游旅游者和团队旅游者因出游形式的差异，有可能导致其在旅游体验过程中对于旅游在场体验影响因素感知和旅游在场体验的感知存在差异，例如，对正式和非正式旅游媒介的依赖程度有所差异，对旅游"真实性"的感知存在差异，对旅游在场体验的感知存在差异。因此，为了细致研究不同类型的旅游者在场体验影响因素的不同，探究不同类型旅游者间是否存在显著的感知差异，本书有目的地选择自助游旅游者和团队旅游者两类旅游者进行对比研究，力图通过后文的实证研究和定量分析得出两类游客影响因素的感知差异，从而为不同类型旅游者的旅游在场体验研究和实践指导提供有意义的结论成果。

本章小结

本章首先对交互行为场进行了理论局限的探讨，基于交互行为场理论的不足，本书将"刺激—机体—反应"理论与交互行为场理论相结合，弥补了其对于个体中介变量的缺失，同时将 Belk 情境理论与交互行为场的情境因素相结合。

---

① Jennings, G., B. Weiler. Mediating meaning: perspectives on brokering quality tourism experiences. in quality tourism experiences [M]. Eds. Oxford: Elsevier Butterworth-Heinemann. 2006.

其次，着重对比了交互行为场与旅游在场体验的相互关系，将交互行为场中的多个因素与旅游在场体验的影响因素进行了对比分析，发现旅游在场体验的影响因素与交互行为场中的因素都存在一定的关联性，并对交互行为场是否可以应用于旅游在场体验研究进行论述。最后，针对真实性、旅游情境和本书研究的旅游对象等进行了相应的剖析。

第二篇 实证分析

第五章

模型构建、理论假设及研究设计

本章主要依据旅游体验、旅游在场体验的相关研究成果，结合交互行为场理论、"刺激—机体—反应"理论和 Belk 情境理论等基础理论，对旅游在场体验影响因素的交互作用模型进行构建，并针对模型中的潜在变量进行研究设计，形成本书的预测试问卷，为后文进一步的实证研究提供基本模型和初调数据。

第一节 理论模型的构建

"刺激—反应"理论的代表人物华生在吸取巴甫洛夫实验结果的基础上阐述了个体对于外部刺激的反应现象，从华生的观点来看，如果我们能够理顺个体与环境刺激之间的关系，便可以运用控制刺激的方法，引导个体进行各种预期复杂行为的实施（张春兴，2002）。"刺激—反应"理论完全可以充分说明旅游者受到旅游刺激物的影响而产生旅游体验的现象，但是当我们将这种机械主义的理念运用在旅游体验的研究中，我们发现这一理论在现实中缺乏一定的适用性。这是因为传统的行为主义理论否认在个体行为和外部刺激之间存在着心理过程，忽略了个体的情绪状态在有机体反应中的重要作用，这也使得交互行为场理论缺乏真正的"心理"层面这一要素。旅游在场体验是一种内隐性的心理反应，而每个旅游者个体由于自身反应能力、接触刺激物媒介、所处的情境环境以及个体自身的过往经验的不同，导致了旅游在场体验并非像华生预计的那样"每个人都完全相同"。正如基础理论的整合研究中所述，笔者认识到交互行为场中的不足，将这一理论中的"情境"和 Belk 情境要素进行结合，同时基于"刺激—机体—反应"理论，将旅游者个体情绪加入理论模型构建中，实现交互行为场理论与"刺激—机体—反应"理论整合，构建了旅游在场体验影响因素的初始模型，如图 5-1 所示。

图 5 - 1 "旅游在场体验"的
多种理论整合

资料来源：根据本书研究所得。

除了"交互行为场理论"、Belk 情境理论和"刺激—机体—反应"等主要理论所涉及的相关要素外，本书根据国内外对于旅游体验的现有研究成果，对交互行为场中的刺激功能、旅游媒介以及个体参与等方面也进行了一定的探讨，并依据前人的研究成果，将具有刺激作用的旅游刺激物真实性、不同类型的旅游媒介（正式媒介和非正式媒介）、旅游者参与性等要素纳入旅游者在场体验体验影响因素的研究中，从而形成涵盖心理学"交互行为场理论"、人类学"真实性"理论、消费行为学"情境理论"和"刺激—机体—反应"理论等多学科的交叉的影响因素模型，并选择了刺激物真实性、旅游者参与、旅游氛围、旅游时间、正式旅游媒介、非正式旅游媒介、旅游者过往经验、旅游正向情绪和旅游负向情绪等多个影响因素，对旅游者旅游在场体验进行了探讨。

针对"交互行为场理论"中涉及旅游刺激物的刺激功能，笔者认为真实性应是旅游刺激物具备的重要特性，同时从学者们对于旅游的本质剖析可知，旅游者外出旅游的目的是寻找一种"真实感"，因此，真实性是对旅游刺激物刺激功能的最好阐释。同时，真实性在很大程度上代表了旅游刺激物的内涵本质，而旅游刺激物除了应具有真实性的本质之外，其本身景色的优美性也是旅游者所希望在旅游中获得的，而优美性较之真实性更偏重于旅游刺激物的外部特征，因此，优美性也纳入旅游刺激物的范畴中，即旅游刺激物的刺激作用主要体现在真实性和优美性两个维度上。

如图 5 - 2 所示，对于交互行为场中的媒介物质，本书参考国外学者对于旅游媒介的划分标准，将正式旅游媒介和非正式媒介放入到在场体验媒介物的维度下，通过正式旅游媒介"旅游服务人员"和非正式旅游媒介"旅游同伴"进行旅游媒介影响因素的研究。对于情境要素，本书借鉴了 Belk 情境理论中的时间维度和环境氛围，通过旅游者对于旅游时间和景区整体旅游氛围的感知来研究旅游在场体验。对于"刺激—机体—反应"中的个体中介变量，本书选取的"积极情绪"和"消极情绪"作为旅游者在场体验模型中的个体中介变量。交互行为场理论强调个体反应与过往交互史的关系，参考前人对于旅游经历的研究，结合旅游者在场体验的特点，本书将旅游者过往旅游体验经历作为个体的过往交互史，加入旅游在场体验的研究中。

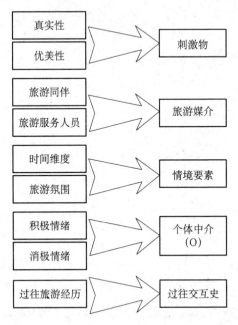

图 5 - 2　旅游在场体验因素与基础理论要素

资料来源：根据本书研究所得。

　　根据交互行为场理论，"刺激—机体—反应"和 Belk 情境理论，本书构建了旅游在场体验影响因素的交互作用模型，如图 5 - 3 所示。同时结合以往研究成果和旅游在场体验的本质，选取了不同的具体要素对旅游在场体验的基本模型进行扩展和充实，最后得到旅游在场体验影响因素的交互作用模型。此模型所涵盖的潜在变量分别为：旅游刺激物真实性、旅游刺激物优美性、过往旅游经历、正式旅游媒介、非正式旅游媒介、旅游时间、旅游氛围、旅游者积极情绪、旅游者消极情绪、旅游者参与以及教育、逃逸、愉悦三个旅游在场体验等。除了各个影响因素对旅游在场体验的影响作用外，本书还探讨了旅游在场体验对旅游情绪、过往旅游回忆的影响作用，力图证明旅游在场体验的因素间存在交互作用关系。整个模型中所含有潜在变量均是来源于交互行为场理论、"刺激—机体—反应"理论、情境理论、真实性和顾客参与等理论，而由于这一模型属于非递归模型，在后文的实证中为了准确测量各个要素间的相互关系，本书拟分别对交互作用的模型进行实证测量研究。

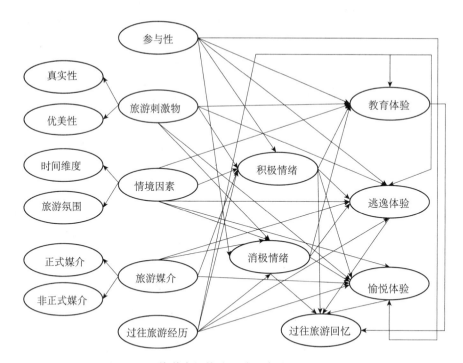

图 5 - 3　旅游在场体验影响因素的交互作用模型

资料来源：根据本书研究所得。

第二节　模型的理论假设

除了依据交互行为场"刺激—机体—反应"理论、情境理论主要理论外，本书还借鉴了"真实性""顾客参与"等方面的研究成果，将旅游在场体验影响因素的交互作用理论模型扩充为由多个因素相互作用的模型。后文将对交互作用模型中的各个测量变量间的因果关系假设进行阐述。

一、旅游刺激物与旅游在场体验关系假设

MacCannell（1973）曾深刻地指出旅游者体验的目的，认为旅游者不只满足于清晰可见的设计好的事件，他们更钟情于去寻找"体验的真实性"。Urry（1990）、Bessiere（1998）认为旅游者会追寻一些特别的当地符号，因为旅游者认为这些是当地传统文化的象征和精髓。Joseph（1994）、Urry（1995）、Ernest Sternberg（1997）、Boniface（2003）、Eastham（2003）等的研究中也明确指出旅游景点和旅游吸引物的真实性对于旅游者旅游体验的重要影响作用。

H_{1a}：旅游刺激物的真实性与旅游者教育体验间存在显著的正向关系。

H_{1b}：旅游刺激物的真实性与旅游者逃逸体验间存在显著的正向关系。

H_{1c}：旅游刺激物的真实性与旅游者愉悦体验间存在显著的正向关系。

H_{1d}：旅游刺激物的真实性与旅游者的积极情绪间存在显著的正向关系。

H_{1e}：旅游刺激物的真实性与旅游者的消极情绪间存在显著的负向关系。

同时，旅游刺激物本身的优美性会对旅游者的旅游积极情绪产生正向影响作用，对旅游者的负面情绪产生反向的影响作用，进而影响到旅游者对旅游在场体验感知，故本书假设如下。

H_{2a}：旅游刺激物的优美性与旅游者教育体验间存在显著的正向关系。

H_{2b}：旅游刺激物的优美性与旅游者逃逸体验间存在显著的正向关系。

H_{2c}：旅游刺激物的优美性与旅游者愉悦体验间存在显著的正向关系。

H_{2d}：旅游刺激物的优美性与旅游者积极情绪间存在显著的正向关系。

H_{2e}：旅游刺激物的优美性与旅游者消极情绪间存在显著的负向关系。

二、旅游媒介与旅游在场体验的关系假设

旅游媒介分为正式和非正式旅游媒介，因此，对于旅游媒介与旅游在场体验的关系假设，分别从正式旅游媒介和非正式旅游媒介两方面进行。

Ham（2002）对游轮旅游者进行研究发现，游轮旅游者对于导游的依赖性很高，而且这种依赖性进一步影响旅游者的旅游体验。Morgan. M（2006）针对目的地旅游景区如何创造一种令旅游者记忆犹新的旅游体验的研究发现，正式旅游媒介在游客旅游体验中的角色会显著地影响旅游者良好体验的获得。Suanna Curtin（2010）针对由几位观赏野生动物的旅游者和一名专业生态旅游导游构成的群体进行调查时发现，旅游服务人员在旅游者的游玩体验中具有非常重要的作用。故本书假设如下。

H_{3a}：正式旅游媒介对旅游者教育体验具有显著的正向影响作用。

H_{3b}：正式旅游媒介对旅游者逃逸体验具有显著的正向影响作用。

H_{3c}：正式旅游媒介对旅游者愉悦体验具有显著的正向影响作用。

H_{3d}：正式旅游媒介对旅游者积极情绪具有显著的正向影响作用。

H_{3e}：正式旅游媒介对旅游者消极情绪具有显著的负向影响作用。

Jennings, G.（2006）强调同游者在旅游者体验中的重要影响作用。其认为，在旅游体验尤其是旅游在场体验的过程中，同游者作为与旅游者同属性的人群，也是以一种游玩者和访问者的角色进入到旅游目的地中，因此，相似的处境使得同游者与旅游者个体之间存在诸多的相同点，两者也因相同点的缘故而广泛地进

行交流。因此，个体与同游者间的互动在一定程度促使个体旅游体验的获得，而 Muchazondida Mikono（2012）通过旅游者对酒店的网络评价发现，旅游者认为与其他旅游者之间的交流可以提升自身的体验度。因此，本书假设如下。

H$_{4a}$：非正式旅游媒介对旅游者教育体验具有显著的正向影响作用。

H$_{4b}$：非正式旅游媒介对旅游者逃逸体验具有显著的正向影响作用。

H$_{4c}$：非正式旅游媒介对旅游者愉悦体验具有显著的正向影响作用。

H$_{4d}$：非正式旅游媒介对旅游者积极情绪具有显著的正向影响作用。

H$_{4e}$：非正式旅游媒介对旅游者消极情绪具有显著的负向影响作用。

三、情境因素与旅游在场体验的关系假设

Ward & Robertson（1973）、Dell Hawkins et al.（2000）、Lavidge（1966）等均肯定了情境因素对个体反应的影响作用，而这种影响作用甚至比个体变量对个体行为的影响作用更强。例如，Kerin et al.（1992）的研究表明，顾客的体验来自顾客与实体店环境、服务员工、服务政策与其他顾客之间的互动，并且这些情境要素都影响顾客对于商品价格和质量的感知，最终影响对整个商店的感知。而情境无论对实体消费者还是旅游者都是时刻存在的，对于实体消费者而言，情境要素有可能是店内的装修、店里的音乐灯光和产品的摆设，而对于旅游者而言，情境要素则有可能是景区氛围、景区给予游客的舒适感、景区的整体环境等。但无论情境要素在两种产品消费间的具体表现存在何种差异，我们都不可否认情境要素对于个体反应行为的影响作用，因此，本书假设如下。

H$_{5a}$：旅游氛围对旅游者教育体验具有显著的正向影响作用。

H$_{5b}$：旅游氛围对旅游者逃逸体验具有显著的正向影响作用。

H$_{5c}$：旅游氛围对旅游者愉悦体验具有显著的正向影响作用。

H$_{5d}$：旅游氛围对旅游者积极情绪具有显著的正向影响作用。

H$_{5e}$：旅游氛围对旅游者消极情绪具有显著的负向影响作用。

对于一般顾客而言，在实体购物中是否能有充足的时间进行实体产品选择对于个体购买行为产生重要影响，周庄贵等（2002）、姜海涛（2008）以及范明真（2012）等的研究也表明，景区内的游玩时间对于旅游者满意度和旅游者个体行为都产生显著影响，因此，对于旅游时间这一要素本书也进行了相应的假设。

H$_{6a}$：时间因素对旅游者教育体验具有显著的正向影响作用。

H$_{6b}$：时间因素对旅游者逃逸体验具有显著的正向影响作用。

H$_{6c}$：时间因素对旅游者愉悦体验具有显著的正向影响作用。

H$_{6d}$：时间因素对旅游者积极情绪具有显著的正向影响作用。

H_{6e}：时间因素对旅游者消极情绪具有显著的负向影响作用。

四、过往旅游经历与旅游在场体验的关系假设

无论从交互行为场还是现有的研究成果看，过往旅游经历都与旅游在场体验具有千丝万缕的联系，而本书对于两者间的关系研究则强调双向的作用。

Ryan（1999）的旅游期望与旅游体验的关系模型以及 Li Yiping（2000）旅游体验影响因素模型中都强调了过去的体验经历对于现在旅游体验的影响作用。由于旅游体验是一种个体的感知，而这种感知在随后的时间会转化成个体的一种记忆，无论这种记忆是深刻的还是转瞬即逝的，这种个体的感知记忆都会对未来个体相似的体验产生一定的作用和影响。因此，本书假设如下。

H_{7a}：过往旅游经历与旅游教育体验存在显著的正向关系。

H_{7b}：过往旅游经历与逃逸教育体验存在显著的正向关系。

H_{7c}：过往旅游经历与愉悦教育体验存在显著的正向关系。

H_{7d}：过往旅游经历与旅游者积极情绪存在显著的正向关系。

H_{7e}：过往旅游经历与旅游者消极情绪存在显著的负向关系。

五、旅游者参与旅游在场体验的关系假设

Hui & Bateson（1991）研究认为，顾客想要获得持久记忆的旅游体验，则需要参与到体验活动之中。Csikszentmihalyi（1975）提出的流体验概念中，也特别强调了体验过程中个体参与的重要性，即只有个体参与到的活动中且活动的难度与个体能力技术相符时，个体才会产生流体验。Byrne et al.（2003）指出，旅游者流体验的实现，需要旅游者融入景点并参与到各种有趣的活动中，当旅游者参与各种旅游目的地的相关活动中时，旅游者会更加容易获得一种流体验的感受。因此，本书假设如下。

H_{8a}：旅游者参与对旅游者教育体验具有显著的正向影响作用。

H_{8b}：旅游者参与对旅游者逃逸体验具有显著的正向影响作用。

H_{8c}：旅游者参与对旅游者愉悦体验具有显著的正向影响作用。

H_{8d}：旅游者参与对旅游者积极情绪具有显著的正向影响作用。

H_{8e}：旅游者参与对旅游者消极情绪具有显著的负向影响作用。

六、旅游者情绪与旅游在场体验的关系假设

学者们在个体行为研究中一般将个体中介变量设定为个体的正向和负向情绪，强调个体情绪对个体接受外界刺激以及作出积极和消极反应具有很强的影响

作用。范秀成和李建州等（2006）以菜肴质量感知、服务环境感知、员工服务感知作为外生潜变量，以积极情感、消极情感和社会交往体验作为内生潜变量，通过问卷调查方法得出顾客对菜肴质量感知、服务环境感知和员工服务的感知之间是相关的，它们共同影响消费者的情感体验。故依据相关理论和文献，本书对于个体的情绪的关系假设如下。

H_{9a}：旅游者积极情绪与旅游者教育体验间存在显著的正向关系。

H_{9b}：旅游者积极情绪与旅游者逃逸体验间存在显著的正向关系。

H_{9c}：旅游者积极情绪与旅游者愉悦体验间存在显著的正向关系。

H_{9d}：旅游者消极情绪与旅游者教育体验间存在显著的负向关系。

H_{9e}：旅游者消极情绪与旅游者逃逸体验间存在显著的负向关系。

H_{9f}：旅游者消极情绪与旅游者愉悦体验间存在显著的负向关系。

七、旅游在场体验与旅游者情绪、过往经历回忆的关系假设

交互行为场理论强调个体当下的行为反应会对过往经历产生影响，即个体反应与过往经历之间存在互动关系，而并非仅仅是过往经历对个体反应产生影响作用。国外学者 Alexander & Peters（2012）对美国四星和五星级饭店入住的客人调查发现，个体的休闲体验对于其自身的情绪就有较强的正向作用；Jong – Hyeong Kim（2010）实证表明旅游体验对于唤起旅游者过去的旅游记忆都有着一定的积极作用，参与性和自由感对于旅游者生动的回忆其以往的体验有着显著的正向作用。因此，旅游在场体验对旅游情绪和过往经历回忆存在影响作用，本书对这些互动关系假设如下。

H_{10a}：旅游在场体验与旅游者积极情绪存在显著的正向关系。

H_{10b}：旅游在场体验与旅游者消极情绪存在显著的负向关系。

H_{10c}：旅游在场体验与过往经历回忆存在显著的正向关系。

H_{10d}：旅游者积极情绪与过往经历回忆存在显著的正向关系。

H_{10e}：旅游者消极情绪与过往经历回忆存在显著的负向关系。

第三节 研究变量的设计

一、旅游在场体验的题项设计

学者们的研究有的侧重于"流体验"的层面，有的侧重于从旅游体验的各个维度开展，甚至有的学者也将旅游满意度的题项加入旅游者体验的研究中。

例如，Alexander（2012）依据"流体验"的概念，将旅游者体验设计为："我感到我忘记了周边的一切；时间飞快流逝；我很享受；我沉浸于这种活动中；我得到了很好的照顾。"李恒云等（2012）对于旅游体验的测量选择了"这次博物馆游览，让我完全忘记忧虑；我非常享受这次博物馆游览活动，以至于忘记了时间的流逝；我深深地被博物馆中体验吸引，忘记了身边的所有事物"三个题项。国外学者 Myunghwa Kang & Ulrike Gretzel（2012）将旅游者的旅游在场体验设定为三个维度，从教育、逃逸和愉悦将观察变量定义为"扩大了我对目的地的了解、获得了很多关于目的地的知识和信息、我了解了目的地很多不同的事物；我觉得很开心、我很享受在这里、我在这里获得了很多快乐；我感觉我仿佛在另一个世界、我远离了烦恼、我融入其中忘记了一切"。赵艳林（2012）将旅游体验设计为"文化学习""压力释放"和"审美愉悦"，分别为：增进了对当地风土人情的了解、扩大了对民族知识的了解、让我增进了对当地民族历史的了解；远离了喧嚣的城市生活让我感到很放松、自由自在的生活状态让我心胸很开阔、质朴恬静的田园生活让我忘记了烦恼；沉浸在民族娱乐表演活动中让我感到愉悦、欣赏景区独具特色的民居景致、喜欢景区优美的自然生态风景等。

教育体验是很多中国旅游者外出的重要意义，Pearce（2005）、Ryan（1997）都认为教育体验是旅游者了解新事物和满足其好奇心的重要体验方式，而 Pine & Gilmore（1998）也强调教育学习体验是旅游体验的一个重要的维度，教育体验也成为 Fiore & Jeoung（2007）测量旅游体验的重要部分之一；愉悦体验是旅游者在旅游体验中关注于自身愉悦而非功利性追求的体验维度（Davis，Bagozzi & Warshaw，1992），也是旅游者体验的重要本质之一（谢彦君，2004）；MacCannell（1976）、Urry（1990）、Pearce（2005）等都认为，逃逸体验是旅游者沉浸于旅游目的地而逃离惯常地或惯常生活的体验，目前很多旅游者外出旅游的目的也是逃离现有的生活去摆脱烦恼和放松自我，Oh et al.（2007）也将愉悦和逃逸作为旅游体验测量的两个维度进行研究。为了更为全面地测量旅游者在场体验的体验情况，本书将"教育、逃逸和愉悦"作为旅游在场体验的三个维度进行相关的测量研究，参考了 Myunghwa Kang（2012）、Alexander（2012）、Ulrike Gretzel（2012）等的研究，将旅游者在场体验的题项设计为："扩大了我对目的地的了解、获得了很多关于目的地的知识和信息、我了解了目的地很多不同的事物；我觉得很开心、我很享受在这里、我在这里获得了很多快乐；我感觉在一个截然不同的环境中、我远离了烦恼、我融入其中忘记了一切。"

二、旅游刺激物的题项设计

对于"旅游刺激物"的设计，本书主要基于旅游吸引物的特性来进行，即从旅游吸引物的"外在表现优美性"和"内在属性真实性"。正如马凌（2009）在对旅游吸引物的界定和研究中认为旅游吸引物具有符号和客体双重属性，具体来说，旅游吸引物的绝对吸引力来自其特殊的客观属性即其自身的景点和资源特征，而其相对吸引力则来源于其符号属性，即是否成为某种社会价值和理想的符号。因此，考察旅游刺激物，一方面应强调刺激物的本质内涵，即"真实性"；另一方面考虑刺激物的外在表现，即"优美性"。故对于旅游刺激物的题项主要从真实性和优美性两个维度开展的。

"真实性"这一概念常常在旅游体验的研究中被学者们广泛而深入地探讨。真实性作为旅游刺激物的重要属性，对于旅游者体验具有显著的影响作用。Cohen（1979）和 Pearce（1982）认为，游客的满意度和体验是与旅游吸引物的真实性密切相关的，如果旅游者感到旅游场景或吸引物本身是"虚假的"，那么其满意度和体验也就无从产生。因此，对旅游者而言，能够给其带来旅游体验快感的旅游吸引物真实性无疑是建构在"那些事物看上去还真像那么回事"的认知上（Muchazondida Mikono，2012）。正如电影旅游者对不真实的电影拍摄地场景的描述："我只是单纯地站在电影《指环王》拍摄地，但对我而言已经是很重要的了，我站在那里便可以感觉到地面的振动或者其他事物的存在，电影中的战争真的发生在这里，这里做得太像是真的了！"① 因此，从这个层面来看，旅游吸引物的真实性可以作为旅游者对某种价值的追求和认可，而这种认可是颇具主观性和自我界定的。本书对于旅游吸引物的真实性界定更多结合旅游者体验的视角，从旅游者的角度来考量个体对于真实性的感知，在研究中更多地突出旅游者所感知的真实性。

徐伟、王新新（2012）也指出，"现有对于真实性的研究多采用人种志和阐释法挖掘事物的真实性……缺乏真实性感知的评价指标，现有研究尚未从定量角度考察消费者的真实性感知"② 林龙飞、黄光辉、王艳（2010）对于真实性指标，分别设计为建筑及遗迹、服饰、饮食、工具及工艺品、语言及口承文化、节庆和习俗等。冯淑华、沙润（2007）提出古建筑的真实感量表设计为"历史久

---

① Anne Buchmann. Experiencing film tourism authenticity & fellowship ［J］. Annals of Tourism Research，2010，37（1）：229 – 248.

② 徐伟，王新新. 商业领域"真实性"及其营销策略研究探析 ［J］. 外国经济与管理，2012，34（6）：57 – 65.

远性、古建筑规模、核心区风貌完整性、建筑装饰古朴性、居民环境的协调性"，而生活文化真实感为"原有居民的保有率、原有生活方式的延续性、居民的自豪感和居民的支持和参与性"等题项。而根据 Ning Wang（1999）等的存在主义真实性，其强调旅游者自身对于旅游吸引物的真实性感知的研究。结合前人的研究，本书将真实性设定为"景点保持了历史原貌、景点体现了当地的文化、景点的一切看上去都很真实、景点没有刻意造假、模仿的感觉"。而对于优美性，本书主要是从旅游者对于刺激物景色的总体感知和自然和谐的角度进行了探讨，对于优美性的题项设计为"我感觉这里的景色很迷人、景点的景色很秀丽、景点具有自然的和谐美。"

三、情境要素的题项设计

对于情境要素的设计，主要是进行时间维度和旅游氛围两个维度的研究。范明真（2012）关于旅游者购买纪念品的实体环境的测量题项设计为"我喜欢纪念品店的空间设计与装潢、我喜欢纪念品店里商品陈列的方式、纪念品店的氛围营造很吸引我、纪念品可以让我轻松的随意浏览"四个题项。同时谢彦君强调了环境中的人口密度和拥挤度对于旅游者体验和感知具有一定的影响作用，即当个体感知周边环境人口过高或者较为拥挤时，其会产生一定的不悦心理和烦躁感，这些都会使个体对周围事物的感知产生负向作用。贾跃千（2009）提出情境要素中的景区整体氛围的量表，分别为景区环境整洁、景区氛围良好、景区卫生糟糕、景区与周围环境关系和谐、景区环境嘈杂、景区内气氛喧闹、景区格调高雅等问卷题项。故本书中将"旅游氛围"设计为"景区内营造的氛围很吸引我、我喜欢景区的设计和布局、我可以在景区内轻松随意的游玩、我在景区内感到舒适自由"等。参考周庄贵（2002）、程菻（2008）、储玖琳（2009）等对旅游情境中时间因素的研究结论，将旅游在场体验中时间因素题项设计更多地侧重于旅游者在景区或景点内游玩的时间充裕度和可支配度，即"我可以在景区内自由支配时间、我有足够的时间在景区内游玩、我可以在喜欢的地方停留较长时间、我的游玩时间没有被严格限制"。

四、旅游媒介物的题项设计

旅游媒介如前文所述，本书主要是将旅游服务人员、旅游同伴等作为重要的旅游媒介。关于旅游媒介的题项设计主要侧重于社交环境和服务提供方面，既要测量旅游媒介与旅游者之间的互动性和沟通性，又要测量旅游媒介是否能够将刺激物的刺激作用传递给旅游者。

沈向友（1999）对于导游人员服务的相关测量题项为"工作熟悉程度、主动询问意见、妥善处理问题、乐于助人、照顾特殊要求和负责安排好行程"等。范明真（2012）关于"服务人员"题项的设计为"纪念品店店员会亲切的跟我聊天、纪念品店店员会热心地向我推荐商品、纪念品店店员会仔细地向我介绍商品、店里其他人都在买，所以我也想买"。范钧（2011）关于旅游者与服务人员之间的信息分享和人际互动题项设计为"向导游人员了解旅游计划、向导游提出自己的看法、遇到困难会及时告知导游、服务不符合预期将会向导游提出""与导游的沟通轻松愉快、导游的服务令我满意时我会称赞、与导游的相处非常融洽、与导游的交往充满热情"等。参考以上学者的研究成果，将旅游服务人员的题项设置为"服务人员对我们很热情、服务人员对我们很友好、服务人员为我提供很多帮助、服务人员告诉我很多旅游信息"四个题项。

对于旅游者与同伴的互动关系，参考了 Rosenbaum & Massiah（2007）、Yi & Gong（2008）、范钧（2011）等学者对于旅游者与其同伴间关系的量表。其中，范钧（2011）认为有"我会主动帮助其他游客、当其他游客遇到困难我会主动询问、我有一定的责任去帮助其他游客"。同时，旅游同伴对于旅游者个体的影响作用还在于他可以以相同的身份与旅游者进行旅游经验、旅游感受方面的交流，因此，旅游同伴对于旅游者的作用在于旅游信息、旅游感受等方面的交流，并通过交互交流和相互的帮助形成有利于旅游者获得旅游在场体验的氛围，故本书将旅游同伴的题项设计为"我与同伴相处得很融洽、我与同伴在旅游中相互帮助、我与同伴相互交流旅游感受、我与同伴相互交流旅游经验"四个题项。

五、过往旅游经历的题项设计

目前学者们对旅游过往经历多为定性的表述，强调旅游者过去出游的旅游经验。本书从旅游经历的过往旅游感知、旅游者过往旅游的游玩对象和旅游者出游形式等层面进行过往经验的研究，这是因为：第一，过往旅游感知是旅游者的一种体验记忆，而交互行为场理论表明，个体对于过往的感知记忆会影响个体在场对外界刺激物的感知；第二，旅游者过去是否游玩过相似的旅游景点（即旅游者曾经不止一次游玩山水景点或休闲度假景点），从而在一定程度上影响着旅游者再次游玩时的体验感知；第三，旅游者以何种出游方式出游也会直接影响旅游者的旅游侧重点和活动行为，故出游方式也会旅游者的旅游在场体验产生一定的影响。因此，对于过往经验的题项，本书根据以往学者的定性表述，归纳为三个题项，即"我曾去过类似的景点游玩、我曾以类似的旅游方式出游、我曾有过类似的旅游感受"。同时，针对现有外国学者对于旅游体验与旅游经历的研究成果，如 Jong-Hyeong Kim（2010）的研究显示，现在的旅游体验有可能引起旅游者对于过去某一次旅游经历的回忆，而基于交互行为场理论的阐述，个体过去的经历会对现在的个体反应产生影响，同时现有的个体反应同时会进一步强化个体的过去经历。因此，为了进一步探讨旅游者的现有体验与过往经历之间的关系，本书设计了关于现场体验对过去旅游经历回忆的题项，即"这次旅游让我想起以前的旅游经历"。

六、旅游者情绪的题项设计

根据以往学者的研究，情绪可以分为积极情绪和消极情绪，情绪也可以根据 Mehrabian & Russell（1974）"愉悦—唤醒"理论将其划分为四个不同象限的维度。为了方便被调查者理解问卷题目以及更明确地区分旅游者情绪，本书对于旅游者情绪采用的是积极情绪和消极情绪的划分标准。Yong-Ki Lee、Choong-Ki et al.（2008）在旅游者满意度和忠诚度的研究中采用积极情绪和消极情绪的划分，具体题项为"厌烦的、生气的、无聊的、令人昏昏欲睡的；高兴的、兴奋的、放松的、精力充沛的"。粟路军（2011）对于积极情绪和消极情绪的观察变量设计为"兴奋的、愉快的、放松的；生气的、失望的、后悔的"。Rita Faullent、Kurt Matzler、Todd A.（2011）在针对登山者的旅游体验研究中，将情绪量表设计为"骄傲的、热情的、兴奋的；恐惧的、紧张的、战战兢兢的、害怕的"。考虑到中外语言表述上的差异，本书选择了有利于被调查者理解和熟悉的情绪表述，并参考粟路军（2011）和 Yong-Ki Lee、Choong-Ki et al.（2008）的情绪量表，将正向情绪的量表设计为"兴奋的、愉快的、放松的"，与之相对应的将负向情绪设定为"生气的、无聊的、失望的"。

七、旅游者参与的题项设计

交互行为主义心理学强调的因素主要是刺激物、情境因素、媒介因素、过往交互史等，但在目前的国内外研究中，我们发现，无论是顾客体验还是旅游体验，其都涉及了个体参与活动这一影响变量（Julie Otto，1996；Ennew & Binks，1999；范钧，2011；粟路军，2011）。范钧（2011）对于旅游者参与的题项分为"信息分享、合作生产、人际互动"，其中信息分享涉及旅游者与导游人员或旅行社之间的信息互动，合作生产强调旅游者对于旅行社相关规定、与导游工作配合、与旅游团体配合等方面，而人际互动指旅游者与导游之间的合作、关系融洽程度等。粟路军（2011）对于旅游者参与的题项设计为"在进行旅游前，我进行了多方面的权衡和思考；服务过程中，愿意配合服务人员的工作；对服务不满时，会进行相关投诉；愿意参加关于旅游者的相关调查"等四个题项，但是研究结果显示四个题项聚合效度稍弱。Julie Otto（1996）对于旅游参与的量表设计为"参与到整个的过程；在过程中我具有选择权；我对于体验的结果具有一定的控制性；我受到了一定的教育"。黄敏学、周学春（2012）将顾客参与的题项设计为"在服务过程中，我花费了大量的时间与雇员交流我的需要和观点、在服务过程中，我花费了很大的精力来表达我的个人需要、为了改善服务结果，我向该员工提供了很多建议"。旅游者的在场体验与景区的参与体验性活动密切相关，也就是说，景区内的参与活动会对旅游者的在场体验产生一定的影响，因此，本书对于旅游者参与的题项设计着重涉及了旅游者对于景区内参与性活动的感知。

本书参考以上学者的相关量表并结合本书理论模型中的各个变量关系，将"旅游者参与"变量中的部分关于信息分享、人际互动等方面的题项进行了删减，这是因为旅游在场体验的其他变量中（旅游者与同伴间、旅游服务人员）已涉及关于信息分享和人际互动的相关测量，故对于"旅游者参与"的变量本书设计的侧重于旅游者个体自身参与到景区以及旅游者的服务配合等方面，故参考 Julie Otto（1996）、粟路军（2011）等的题项设计，将其设计为：景区内有很多有趣的参与性活动；景区的体验活动能吸引我参加；景区的体验活动很有互动性；服务过程中，我愿意配合服务人员的工作；对服务不满时，我会进行投诉。

本章小结

本章节首先基于交互行为场、"S-O-R"和 Belk 情境理论的整合模型进行细化，并构建了旅游在场体验影响因素的交互作用模型；其次针对交互作用模型进行了各个变量的相关关系研究，提出变量关系的研究假设；最后结合以往研究成果对各个潜在变量进行了题项设计和量表开发。通过对理论模型中各个变量间的关系进行了文献回顾和关系假设，构建了多个潜在变量间的关系假设，同时为了保证实证研究的顺利进行，本章参考以往研究者的研究成果，进行了各个潜在变量的设计和量表的开发，形成了旅游在场体验影响因素的初始调查问卷，为两个群体的问卷调查和实证研究提供了基本问卷。

第六章

旅游在场体验影响因素的实证分析

基于旅游者旅游在场体验影响因素的交互作用理论模型，第五章对各个旅游在场体验的影响因素进行了问卷设计，本章将对旅游在场体验的影响因素进行预测试问卷的信度效度评价，对问卷进行题项的净化，并对自助游游客和团队游客正式问卷的人口统计特征、正式问卷信度和效度质量等进行分析。

第一节　预测试问卷的质量评估

为了更好地对各个变量间的关系进行研究，问卷设计和调查的规范操作需要研究人员将设计的初始问卷进行预测试，通过收集的预测试问卷对问卷各个题项的信度和效度进行测试，并基于统计数据的结果按照一定的题项要求对不合格的题项进行删除，对存在疑问的题项进行优化，以保证正式调查问卷的良好质量。

本书问卷的预测试时间集中于 2013 年 1 月 1 日~1 月 6 日，预测试问卷在厦门大学、南普陀景区和鼓浪屿景区三个地点进行发放，共发放预测试问卷 173 份，回收问卷 155 份，其中有效问卷 147 份，有效问卷的比例为 84.9%。

一、预测试问卷的信度分析

本书采用最常用的 Cronbrach's α 系数作为量表内部一致性的测量指标来检验量表的信度。一般认为 Cronbrach's α 系数值介于 0.6~0.7，即可视为量表具有一定的可靠性（Nunnany，1978；Churehill，1979；Bagozzi & Yi，1988；Hair et al.，1998）。而本书采用 SPSS 17.0 对预测试问卷中的各个变量进行信度分析，信度主要是按照整体的 Cronbrach's α 和各个题项的 Cronbach's Alpha if Item Deleted，具体分析结果如表 6-1 所示。

表 6 – 1　　　　　　　　　　各题项的信度分析

Item	Scale Mean if Item Deleted	Scale Variance if Item Deleted	Corrected Item-Total Correlation	Cronbrach's α if Item Deleted	Cronbrach's α
AU1	11.48	4.703	0.563	0.738	
AU2	11.27	5.347	0.521	0.762	0.781
AU3	11.69	3.926	0.725	0.648	
AU4	11.74	4.234	0.563	0.745	
AB1	8.46	1.593	0.720	0.695	
AB2	8.41	1.654	0.767	0.661	0.816
AB3	8.49	1.580	0.549	0.889	
PA1	13.95	5.846	0.729	0.607	
PA2	13.90	5.846	0.708	0.615	
PA3	13.93	5.913	0.721	0.611	0.744
PA4	13.03	9.033	0.109	0.814	
PA5	13.44	7.700	0.315	0.767	
AT1	12.24	3.090	0.546	0.665	
AT2	12.26	3.179	0.485	0.701	0.736
AT3	12.10	3.114	0.486	0.702	
AT4	11.97	3.136	0.604	0.637	
TM1	12.26	6.618	0.695	0.855	
TM2	12.38	5.868	0.772	0.823	0.875
TM3	12.30	6.060	0.748	0.833	
TM4	12.43	5.767	0.720	0.846	
SE1	11.26	6.152	0.832	0.900	
SE2	11.20	5.972	0.851	0.893	0.925
SE3	11.37	5.933	0.876	0.885	
SE4	11.37	6.167	0.747	0.929	
CO1	13.35	2.970	0.895	0.916	
CO2	13.33	3.043	0.876	0.922	0.943
CO3	13.43	2.877	0.889	0.917	
CO4	13.50	2.772	0.812	0.946	
PEM1	8.67	1.304	0.591	0.806	
PEM2	8.37	1.510	0.805	0.581	0.796
PEM3	8.38	1.635	0.575	0.787	
NEM1	3.97	3.170	0.899	0.933	
NEM2	3.87	2.757	0.920	0.913	0.952
NEM3	3.85	2.840	0.885	0.941	
PE1	8.11	2.111	0.704	0.760	
PE2	7.90	2.265	0.748	0.711	0.832
PE3	7.93	2.612	0.635	0.822	
KN1	8.36	1.643	0.761	0.837	
KN2	8.46	1.428	0.822	0.776	0.879
KN3	8.46	1.442	0.727	0.869	

续表

Item	Scale Mean if Item Deleted	Scale Variance if Item Deleted	Corrected Item-Total Correlation	Cronbrach's α if Item Deleted	Cronbrach's α
EN1	8.31	1.710	0.859	0.904	
EN2	8.35	1.627	0.883	0.885	0.933
EN3	8.38	1.785	0.844	0.917	
ES1	7.54	2.552	0.699	0.802	
ES2	7.13	3.045	0.669	0.832	0.847
ES3	7.44	2.344	0.790	0.709	

"真实性"（AU）的整体 Cronbrach's α 为 0.781，分析各个题项的 Cronbach's Alpha if Item Deleted 发现，各题项被删除后"真实性"的整体 Cronbrach's α 没有很大的提升，而各题项之间的相关性 CITC 均大于 0.4，说明各个题项间具有较好的关联性。因此，旅游刺激物真实性这一潜在变量的整体信度较高。

"优美性"（AB）的 Cronbach's Alpha 为 0.816，删除 AB3 后的整体 Cronbach's Alpha 上升至 0.889，Cronbach's Alpha 会出现较大的提升，分析各个指标的 CITC 发现，三个题项间的相关性较强，均高于 0.5。一般而言，一个潜在变量最好对应至少 3 个观测变量才能保证测量结果的稳定性，故为了防止 AB3 删除后导致测试结果的不稳定性，故暂时保留 AB3 这一测量指标。

"旅游者参与"（PA）的 PA4 和 PA5 两个题项的 CITC 远低于 0.4 的标准，同时发现 PA4 和 PA5 删除后，"旅游者参与"的整体信度都得到了较大的提升。故删除 PA4 和 PA5 两个测量题项，结果显示"旅游者参与"的 Cronbrach's α 值为 0.895，三个观察变量的具体指标如表 6 - 2 所示。

表 6 - 2　　　　　　　　　题项净化后的旅游者参与信度分析

	Scale Mean if Item Deleted	Scale Variance if Item Deleted	Corrected Item-Total Correlation	Cronbach's Alpha if Item Deleted	Cronbrach's α
PA1	6.29	3.222	0.765	0.875	0.895
PA2	6.24	3.077	0.801	0.844	
PA3	6.28	3.134	0.815	0.832	

"旅游者参与度"变量的各个题项 CITC 指标均高于 0.4，Cronbach's Alpha if Item Deleted 显示，删除 PA1、PA2 和 PA3 中的任何一个测量题项，Cronbrach's α 信度均未超过目前 0.895 的 Cronbrach's α 值。各题项的 CITC 值均在 0.7 以上，故将旅游者参与删至三个题项，可以有效提升潜在变量的信度。因此，题项净化

后，旅游者参与共含有景区内有很多有趣的参与性活动、景区的体验活动能吸引我参加、景区的体验活动很有互动性三个题项。

"旅游氛围"（AT）共包括分别为 AT1、AT2、AT3 和 AT4，结果显示，旅游氛围的整体 Cronbrach's α 为 0.736，满足大于 0.7 的良好信度要求，说明旅游氛围的整体信度质量较好。AT2 和 AT3 的 CITC 指标略低，但满足了大于 0.4 的要求，而各个题项删除后的整体 Cronbrach's α 数值均小于目前的 Cronbrach's α 值 0.736，说明删除任何一项都无法使目前的 Cronbrach's α 得到提升，故可以判断目前旅游氛围整个量表信度较好。

"旅游时间"（TM）的信度结果显示其 Cronbrach's α 值为 0.875，其中各题项的 CITC 值均在 0.7 左右，说明各个题项间相互关系较为紧密，而删除任何一个旅游时间的题项，其 Cronbrach's α 值都不会出现较大提升，因此，旅游时间这一变量的信度质量较好。

"旅游媒介"划分为正式旅游媒介和非正式旅游媒介，其中正式旅游媒介主分为 SE1、SE2、SE3 和 SE4，结果显示其 Cronbrach's α 值为 0.925，大于 0.7 的良好信度要求，同时四个观测变量的 CITC 值均在 0.8 左右，其符合 CITC 值大于 0.4 的要求，此外除了 SE4 删除后得到了 Cronbrach's α 值略大于 0.925 外，其他题项删除后的 Cronbrach's α 值均未得到大幅的提升。因此，结合 CITC 值和整体信度指标，可以判定旅游正式媒介的整体信度较高。非正式旅游媒介（CO）主要研究旅游同伴对于旅游者旅游在场体验的影响作用，结果显示，旅游同伴的 Cronbach's α 值为 0.943，同时各题项的 CITC 值处于 0.812~0.895，说明题项间具有较强的关联性，此外删除 CO4 后整体的 Cronbach's α 值上升至 0.946，较之原始 Cronbach's α 值未得到大幅的提升，因此，考虑 CITC 和 Cronbach's α 值，暂时保留 CO4 这一题项。

"旅游情绪"分为正负情绪，因此，对于旅游者情绪的信度分析，分别从正向情绪（PEM）和负向情绪（NEM）进行 Cronbrach's α 和 CITC 的分析。正向情绪的 Cronbach's α 值为 0.796，CITC 值符合大于 0.4 的要求，题项的"Cronbach's Alpha if Item Deleted"数值均小于 0.796，说明删除任何题项都不会给 Cronbach's α 值带来大幅的提升。结果显示，"正向旅游情绪"这一变量具有较高的信度质量。"旅游者负向情绪"共包含 NEM1、NEM2、NEM3，旅游者"负向情绪"的 Cronbach's α 值为 0.952，各个题项的 CITC 指标表现良好，均在 0.8 以上，且各题项删除后的 Cronbach's α 值未超过 0.952，因此，预测试问卷的"负向旅游情绪"具有较高的信度质量。

"旅游者过往经历"（PE）共包含到三个题项，其信度研究结果显示，旅游过往经历的整体 Cronbach's α 值为 0.832，三个题项的 CITC 值均大于 0.4，且 "Cronbach's Alpha if Item Deleted" 值为超过 0.832，说明 "旅游过往经历" 这一变量的信度水平较高。由于本书需测量旅游在场体验对过往旅游经历的影响作用，这一影响作用的测量题项为 PE4（后文实证模型中为 ME），PE4 是单个观测变量的题项，故对 PE4 不进行 Cronbach's α 的信度计算。

"旅游在场体验" 划分为三个维度，分别为教育体验、愉悦体验和逃逸体验，每个维度分别含有三个测量题项，分别为 KN1、KN2、KN3；EN1、EN2、EN3；ES1、ES2、ES3。教育体验的 Cronbach's Alpha 值为 0.879，说明教育体验的整体信度水平较高，三个题项的 CITC 值均大于 0.4，且各题项删除后 Cronbach's Alpha 值没有超过 0.879，因此，教育体验的信度质量较好。"愉悦体验" Cronbrach's α 值为 0.933，愉悦体验三个题项的 CITC 值均在 0.8 以上，满足 CITC 值应大于 0.4 的要求，同时删除任何题项都不能使整体的 Cronbrach's α 值有较大的提升，因而 "愉悦体验" 具有较好的信度质量。逃逸体验的 Cronbrach's α 值为 0.847，三个题项的 CITC 值在 0.7 左右，每个题项删除后的 Cronbrach's α 值均小于 0.847，因此可以判断逃逸体验的这一变量的整体信度较好。

二、预测试问卷的效度分析

对于预测试问卷而言，除了要测量其每个变量的信度外，还要对测试问卷的效度进行分析，效度优劣的衡量指标主要采用 KMO 和 Bartlett 球形检验指标。普遍认为，KMO 指标大于 0.7 时，说明问卷的整体效度较好，同时还应观察 Bartlett 球体检验的 P 值结果，若 P 值小于 0.001，则说明问卷的效度较好。对预测试问卷的效度分析结果显示，预测试问卷的 KMO 为 0.809，Bartlett 球形检验的伴随概率 P 值小于 0.000，结果显示本书设计的预测试问卷非常适合进行探索性因子分析。同时探索性因子分析结果表明，预测试问卷的所有观测变量共提取了 13 个因子，而这个 13 个因子累积可解释问卷整体变异量的 76.553%。故基于以上的指标分析可知，预测试问卷具有较好的效度，适合进行探索性因子分析。通过采用最大正交旋转方法对预测试问卷进行探索性因子分析，得到了转置后各个观测变量的因子负荷，结果如表 6-3 所示。

表 6 - 3　　　　　　　　　　　　预测试问卷效度分析

KMO and Bartlett's Test

Kaiser-Meyer-Olkin Measure of Sampling Adequacy.		0. 809
Bartlett's Test of Sphericity	Approx. Chi-Square	5514. 866
	df	1081
	Sig.	0

Rotated Component Matrix[a]

	Component												
	1	2	3	4	5	6	7	8	9	10	11	12	13
SE3	0. 831												
SE4	0. 808												
SE2	0. 786												
SE1	0. 775												
CO1		0. 902											
CO3		0. 896											
CO2		0. 892											
CO4		0. 862											
KN2			0. 824										
KN3			0. 820										
KN1			0. 737										
TM3				0. 824									
TM4				0. 813									
TM2				0. 770									
TM1				0. 701									
PA2					0. 874								
PA3					0. 830								
PA1					0. 778								
NEM1						− 0. 918							
NEM2						− 0. 904							
NEM3						− 0. 882							
PE2							0. 862						
PE1							0. 846						
PE3							0. 765						

续表

	Component												
	1	2	3	4	5	6	7	8	9	10	11	12	13
PE4							0.743						
ES3								0.797					
ES1								0.775					
ES2								0.764					
PEM2									0.789				
PEM3									0.727				
PEM1									0.654				
AU2										0.713			
AU3										0.658			
AU1										0.509			
AU4										0.463			
AB1											0.804		
AB2											0.796		
AB3											0.583		
AT1					0.409						0.434		
AT4												0.814	
AT3												0.748	
AT2												0.442	
EN1													0.589
EN2													0.420
EN3													0.445

　　观察各个因子负荷结果发现，各个潜在变量的题项在不同的因子上都具有较高的因子负荷，同时结果显示 AT1 因子负荷出现了在两个因子上负荷值均大于0.4 的现象（AT1 在因子 5 和因子 11 上的因子负荷为 0.409 和 0.434）。按照问卷题项净化的原则，同一个观测变量不能再两个不同的因子上具有大于0.4 的因子负荷值，对于这类题项应进行相应的删除，故根据因子负荷的结果删除 AT1。经过问卷测量题项的净化，本书通过验证性因子分析共得到了 13 个因子，这 13 个因子基本与本书理论模型中的相关潜在变量设定相符，如表 6 - 4所示。

表 6 - 4   潜在变量的测量题项

真实性	AU1	景点保持了历史原貌
	AU2	景点体现了当地的文化
	AU3	景点的一切看上去都很真实
	AU4	景点没有刻意造假、模仿的感觉
优美性	AB1	这里的景色很迷人
	AB2	这里的风景秀丽
	AB3	景色体现自然的和谐美
旅游服务人员	SE1	旅游服务人员对我们很热情
	SE2	旅游服务人员对我们很友好
	SE3	旅游服务人员为我提供很多帮助
	SE4	旅游服务人员告诉我很多旅游信息
旅游同游者	CO1	我与同伴相处得很融洽
	CO2	我与同伴在旅游中互相帮助
	CO3	我与同伴相互交流旅游感受
	CO4	我与同伴相互交流旅游经验
旅游活动参与性	PA1	景区内有很多有趣的参与性活动
	PA2	景区的体验活动能吸引我参加
	PA3	景区的体验活动很有互动性
旅游氛围	AT2	景区的设计和布局很漂亮
	AT3	我可以在景区内轻松随意的游玩
	AT4	我在景区内感到舒适自由
旅游时间	TM1	我可以在景区内自由支配时间
	TM2	我有足够的时间在景区内游玩
	TM3	我可以在喜欢的地方停留较长时间
	TM4	我的游玩时间没有被严格限制
旅游过往经历	PE1	我曾去过类似的景点游玩
	PE2	我曾以类似的旅游方式出游
	PE3	我曾有过类似的旅游感受
	PE4	这次旅游让我想起以前的旅游经历
旅游者正向情绪	PEM1	兴奋的
	PEM2	愉快的
	PEM3	轻松的

续表

旅游者负向情绪	NEM1	生气的
	NEM2	失望的
	NEM3	无聊的
旅游者教育体验	KN1	增进了我对目的地的了解
	KN2	获得了很多关于目的地的知识和信息
	KN3	我了解了目的地很多不同的事物
旅游者逃逸体验	ES1	我感觉我在一个截然不同的环境中
	ES2	我远离了烦恼
	ES3	我融入景色中，忘记了一切
旅游者愉悦体验	EN1	我觉得很开心
	EN2	我很享受在这里
	EN3	我在这里获得了很多快乐

第二节　正式问卷的发放和收集

问卷发放的数量一直是统计研究讨论的热点，不同的学者对于问卷样本量的数量确定持有不同的观点，除了采用精确计算的公式进行样本量确定外，很多学者根据选择的统计方法和结构方程模型运算的要求也进行了大体的要求。Tabachinck & Fidell（2007）指出，对于 SEM 的分析而言，大于 200 个以上样本才可以称得上是中型样本，而为了保证 SEM 分析结果的稳定性和准确性，受试样本最好在 200 个以上。学者 Schumacker（1996）认为，对于结构方程模型而言，样本量最好处于 200~500 个，Rigdon（2005）则强调结构方程模型所需要的样本量最少可以为 150 个，如果样本量低于 200 个则显示的结果会不稳定和指标表现不良好。吴明隆（2009）认为，如果样本变量符合正态分布时，每个观测变量与样本量的比例为 1∶5 时就可以满足要求，如果样本量与观测变量的比例达到 10∶1 时，效果最好。同时，Hair（1998）指出，结构方程分析如果采用最大似然估计法进行参数估计，样本量太大并非是好事，当样本量超过 400 个时，有可能导致 ML 方法变得不稳定，从而导致模型的指标表现不良好。

为了准确计算本书需要的正式问卷样本量，通过以下公式进行计算：

$$N = \frac{(Z_{\frac{\alpha}{2}})^2 \sigma^2}{\Delta^2} \tag{6-1}$$

其中，Z 为可接受误差对应的 Z 分数值；Δ 为可接受边际误差；σ 为均值标准差，均值标准差愈大，说明总体中个体单位偏离总体平均值的离散程度愈高，需要抽样的样本量则愈大；Δ 为可接受的边际误差，边际误差越大，则需要的样本量越小，反之，当可接受的边际误差越小，需要抽样的样本量越大。为了更好地精确测量个变量间的关系，本书选择可接受的边际误差为 0.1。学者普遍认为置信水平为 95% 代表了较高的满意度，当置信水平为 95% 时，Z 值为 1.96。对于调查问卷样本量的确定，笔者认为应符合最小样本量的要求，同时考虑样本量发放和收集的成本问题。本书根据初测试问卷的数据进行了相应的统计分析，如表 6 - 5 所示，得出各个变量的均值标准差中最小的为 0.564，最大的为 0.864，因此，为了保证正式问卷中每个测量变量具有较好的测量结果，本书选择最大的均值标准差值为 0.864，依据公式计算得出：

$$N = \frac{(1.96)^2 \times 0.864^2}{0.1 \times 0.1} = 286.77 \qquad (6-2)$$

计算结果显示，当问卷样本量大于 287 个时，所收集的数据能够满足边际误差为 0.1 的要求，而此时的置信水平也处于较高的水平上。而 287 个的样本量也符合前文对于样本量不得小于 200 个的最低要求，同时本书的观测变量共涉及 44 个，样本量与观测变量之间的比例约为 6.5：1，符合前文所述的 5：1 的最低要求。最终，本书以 287 份有效问卷为最低标准，进行自助游游客和团队游客的问卷发放。

表 6 - 5　　　　　　　　　　　预测试问卷的变量统计分析

变量	样本量	最小值	最大值	平均数	标准差
AU	147	2	5	3.85	0.687
AT	147	3	5	4.08	0.586
AB	147	3	5	4.23	0.607
PE	147	1	5	3.99	0.733
PA	147	1	5	3.14	0.864
TM	147	2	5	4.11	0.805
PEM	147	3	5	4.24	0.580
NEM	147	1	5	1.95	0.845
SE	147	1	5	3.77	0.810
CO	147	3	5	4.47	0.564
EN	147	3	5	4.17	0.643
KN	147	2	5	4.21	0.595
ES	147	1	5	3.68	0.784

一、正式问卷发放的方法

因本书测量的是旅游者在场体验的影响因素研究，故及时追踪旅游者的旅游动态、及时对旅游者在场体验进行测量尤为重要。很多国外的学者（Robinson & Clore，2002；Kahneman，Krueger，2004；Schwarz & Srtacke，1999；Stone et al.，2006）指出，当个体在报告情绪体验时，即时的调查可准确获得被调查者当时的情绪，而此时的报告可以相对准确地反映个体内心的心理状态。但值得一提的是，个体的情绪和个体体验通常都是转瞬即逝，如果采取的是回忆的方法对个体进行在场情绪和体验的调查，这些报告的结果就有可能不那么准确了。为了解决这一问题，本书对于团队旅游者和自助旅游者的调查都力争在其游玩过某一个旅游景点之后或者在某一旅游景点游玩当中进行问卷的发放和收集。

二、正式问卷的收集

对于团队旅游者，笔者采用自己发放和跟团发放的方式，问卷主要集中在团队旅游者游玩过旅游景点后旅游团集合时间、上车等候时进行，此时旅游者刚刚游玩了某一个景区，各种刺激因素（无论是景点景色、旅游氛围、导游服务或者同伴行为）记忆犹新，故旅游者能较为准确地报告自身的"在场"感受以及各种刺激因素的影响作用。团队游游客的调查时间为 2013 年 2 月 25 日~3 月 15 日，其团队游客主要的旅游景点为鼓浪屿、南普陀寺、厦门大学和永定土楼，共发放问卷 450 份，回收问卷 383 份，回收率为 85%，其中有效问卷为 349 份，有效率为 77.6%，有效问卷满足了样本量最少为 287 份的最低要求。

自助游游客的调查时间为 2013 年 2 月 17 日~3 月 2 日，自助游游客的调查主要在厦门的三个著名的旅游景点鼓浪屿、南普陀寺和厦门大学等地进行，在调查前笔者均先确定其是否已经游玩过了此处的旅游景点以及旅游者出游的方式是否为自助游形式，在得到确认后随即进行问卷的发放和收集。其间共发放问卷 400 份，回收问卷 377 份，回收率为 94.3%，其中有效问卷 351 份，有效率为 87.8%，有效问卷满足了样本量最少为 287 份的最低要求。

第三节　正式问卷的质量测评

本书在完成了自助游旅游者和旅行社团队旅游者的问卷调查后，分别对两个群体进行了问卷的统计分析，对两个群体的样本人口特征、样本的信度、样本的聚合效度和区别效度进行了相关的检验,以确保统计分析的问卷质量达标。

一、自助游游客样本问卷的质量测评

自助游旅游者中女性游客为 184 位,男性游客为 167 位,年龄小于 18 岁的游客有 8 位,在 18~30 岁的游客为 182 位,31~40 岁的为 108 位,41~50 岁的游客为 41 位,51~60 岁的游客为 12 位,其中年龄在 18~30 岁的占有较大的比重;文化程度中初中及以下的为 12 位,高中或中专为 44 位,大专或本科的为 248 位,研究生及以上的为 47 位;个人收入中低于 1 999 元为 104 位,收入在 2 000~3 999 元的为 95 位,收入在 4 000~5 999 元的为 86 位,收入在 6 000~7 999 元的为 27 位,收入在 8 000 元以上的为 39 位;职业构成中,学生为 101 位,企业为 105 位,事业单位为 44 位,自由职业者为 42 位,农民、军人、退休人员、行政机关人员分别为 2 位、3 位、8 位、14 位,职业为其他人员的游客为 32 位。

分析自助游游客发现,自助游游客的男女游客的比例分别为 52.4% 和 47.6%;18~30 岁的游客是自助游游客的主要构成人群,约占自助游游客人群的 51.9%;在收入方面,收入低于 1 999 元的游客较多,约占 29.6%,而收入介于 2000~3999 元的游客也较多,约占自助游游客总人数的 27.1%;自助游游客中学生所占的比例和企业人员大体相当,分别为 28.8% 和 29.9%。通过自助游游客的构成发现,较年轻的游客是自助游游客的主力,同时收入在小于 4 000 元的游客所占的比例也较高。

为了考察量表的效度情况,本书通过 CFA(confirmatory factor analysis)进行了自助游游客问卷的聚合效度和区别效度的分析。

(一)自助游游客样本问卷的 Cronbrach's α 信度分析

本书对自助游游客的数据采用 Cronbrach's α 作为信度指标进行分析,结果显示,13 个潜在变量的 Cronbrach's α 均在 0.7 以上,满足了问卷信度 Cronbrach's α 大于 0.7 的良好信度要求。各测量题项的 CITC 指标,除了 AU2 稍低外,均达到了 0.5 以上的要求。因此,综合参考 Cronbrach's α 和 CITC 指标(见表 6-6)总体而言,正式问卷的测量各个题项均大于或非常接近 0.5 的 CITC 要求,潜在变量的 Cronbrach's α 均在 0.7 以上,故正式问卷具有较高的信度。

表 6-6 　　　　　　　　　　　　自助游样本的信度分析

潜变量	测量题项	Corrected Item-Total Correlation	Cronbrach's α if item Deleted	Cronbrach's α
AU	AU1	0.547	0.722	0.767
	AU2	0.475	0.746	
	AU3	0.675	0.609	
	AU4	0.548	0.724	
AB	AB1	0.787	0.802	0.876
	AB2	0.813	0.780	
	AB3	0.689	0.891	
PA	PA1	0.779	0.871	0.898
	PA2	0.811	0.843	
	PA3	0.806	0.848	
AT	AT2	0.570	0.768	0.801
	AT3	0.695	0.737	
	AT4	0.730	0.798	
TM	TM1	0.678	0.821	0.853
	TM2	0.748	0.790	
	TM3	0.709	0.807	
	TM4	0.648	0.833	
SE	SE1	0.813	0.895	0.919
	SE2	0.833	0.888	
	SE3	0.859	0.878	
	SE4	0.755	0.916	
CO	CO1	0.834	0.903	0.927
	CO2	0.848	0.900	
	CO3	0.862	0.893	
	CO4	0.785	0.922	
PEM	PEM1	0.556	0.787	0.777
	PEM2	0.757	0.562	
	PEM3	0.564	0.752	
NEM	NEM1	0.830	0.932	0.935
	NEM2	0.894	0.882	
	NEM3	0.873	0.899	

续表

潜变量	测量题项	Corrected Item-Total Correlation	Cronbrach's α if item Deleted	Cronbrach's α
PE	PE1	0.597	0.736	0.781
	PE2	0.608	0.715	
	PE3	0.660	0.664	
KN	KN1	0.727	0.858	0.877
	KN2	0.812	0.780	
	KN3	0.756	0.834	
EN	EN1	0.828	0.866	0.911
	EN2	0.811	0.881	
	EN3	0.825	0.869	
ES	ES1	0.628	0.796	0.819
	ES2	0.664	0.762	
	ES3	0.733	0.685	

（二）自助游游客样本问卷的效度分析

本书利用验证性因子分析（CFA）对测量模型进行了正式问卷的聚合效度、区别效度的分析，以此确定自助游游客问卷样本的效度。

自助游游客的 CFA 测量模型的拟合指标如表 6 – 7 所示，为了方便对比分析，本书将 CFA 的自助游游客的 CFA 测量模型设定为 A1。分析 A1 模型的拟合指标发现，A1 模型的 x^2/df 为 1.785，小于 2 的标准值，说明假设模型与自助游游客的实际数据间具有良好的适配度。吴明隆（2011）提出，假设模型的 RMR 的值最好小于 0.05，自助游游客的 CFA 模型的 RMR 值为 0.030，小于 0.05 的要求，说明模型具有较好的适配度；模型的 RMSEA 为 0.047，小于 0.05，表明模型具有非常好的适配度；A1 模型的 CFI、IFI、TLI 分别为 0.939、0.940 和 0.930，三个值均大于 0.9 的标准，也说明模型具有较好的适配度；而模型的良好适配指标 GFI 和调整后的良好适配 AGFI 分别为 0.853 和 0.873，虽略小于 0.9，但两者均大于 0.8，说明模型具有较为良好的模型适配性。结合各个拟合测量指标综合考虑，本书自助游游客的 CFA 测量模型与数据具有较好的拟合性，说明可以对自助游游客的正式问卷进行下一步的验证性因子分析。

表 6 – 7　　　　　　　自助游游客 CFA 测量模型的拟合数据

模型	x^2/df	RMR	RMSEA	CFI	IFI	TLI	RFI	GFI	AGFI
A1	1.785	0.030	0.047	0.939	0.940	0.930	0.853	0.849	0.816

　　对自助游游客的样本问卷的效度分析主要进行聚合效度和区别效度的分析，对于聚合效度的测度，Fornell 等（1981）提出可以考察各个观察变量的标准化因子负荷值的大小，当标准化因子负荷值大于 0.40 且在 0.01 的显著性水平下显著时，可以判定问卷具有良好的聚合效度，而当 AVE 的值大于 0.5 时，即可认定问卷具有良好的效度。依据以上两个观测指标，本书将自助游游客调查问卷的各个观测变量进行了 CFA 验证，如表 6-8 所示。各个测量变量的标准化因子负荷量均大于 0.4。在各个潜在变量的平均提取方差中除了 AU 的略小于 0.5 外，其他潜在变量的 AVE 值均大于 0.5。潜在变量的组合信度为模型内在质量的判别标准之一，若是潜在变量的组合信度在 0.60 以上，说明模型的内在质量理想，自助游游客的各个潜在变量的组合信度位于 0.759 ~ 0.935，说明整个模型的内在质量非常理想。从整个问卷各个潜在变量组合信度和 AVE 指标来看，说明整个测量模型具有良好的内在质量。

表 6-8　　　　　　　　　　自助游游客样本问卷的聚合效度分析

潜变量	测量变量	标准化因子负荷量	组合信度	AVE
AU	AU1	0.613	0.759	0.447
	AU2	0.514		
	AU3	0.808		
	AU4	0.703		
AB	AB1	0.878	0.882	0.716
	AB2	0.908		
	AB3	0.743		
PA	PA1	0.831	0.898	0.747
	PA2	0.887		
	PA3	0.873		
AT	AT2	0.683	0.766	0.523
	AT3	0.754		
	AT4	0.730		
TM	TM1	0.817	0.843	0.578
	TM2	0.876		
	TM3	0.694		
	TM4	0.629		

续表

潜变量	测量变量	标准化因子负荷量	组合信度	AVE
SE	SE1	0.903	0.910	0.720
	SE2	0.925		
	SE3	0.836		
	SE4	0.713		
CO	CO1	0.938	0.917	0.737
	CO2	0.947		
	CO3	0.805		
	CO4	0.723		
PE	PE1	0.679	0.786	0.552
	PE2	0.712		
	PE3	0.830		
PEM	PEM1	0.655	0.847	0.582
	PEM2	0.863		
	PEM3	0.756		
NEM	NEM1	0.857	0.935	0.828
	NEM2	0.950		
	NEM3	0.921		
KN	KN1	0.799	0.880	0.710
	KN2	0.893		
	KN3	0.833		
EN	EN1	0.876	0.911	0.773
	EN2	0.868		
	EN3	0.894		
ES	ES1	0.713	0.825	0.612
	ES2	0.776		
	ES3	0.852		

对于正式问卷的聚合效度，本书基于组合信度还对自助游游客问卷数据的区别效度进行了检验，荣泰生（2009）等认为，当潜在变量的 AVE 值大于其与其他潜变量的相关系数平方时，说明各个潜在变量之间具有较好的区别效度。如表 6－9 所示，13 个潜在变量的 AVE 均大于其与其他潜在变量的相关系数平方，故通过表 6－9 可以判断，自助游游客的问卷数据具有较好的区别效度。

表 6 - 9				自助游游客样本问卷的潜变量相关系数与 AVE 值							
潜变量	PEM	ES	EN	KN	AB	PE	CO	SE	TM	AT	PA	AU	NEM
PEM	0.582											
ES	0.488	0.612										
EN	0.666	0.684	0.773									
KN	0.474	0.538	0.678	0.710								
AB	0.491	0.587	0.622	0.500	0.716							
PE	0.219	0.010	0.160	0.153	0.156	0.552						
CO	0.417	0.185	0.361	0.315	0.268	0.123	0.737					
SE	0.359	0.376	0.480	0.408	0.451	0.018	0.216	0.720				
TM	0.437	0.308	0.471	0.327	0.306	0.038	0.263	0.333	0.578			
AT	0.538	0.557	0.636	0.489	0.534	0.020	0.260	0.446	0.607	0.523		
PA	0.314	0.368	0.335	0.359	0.293	0.128	0.184	0.416	0.106	0.370	0.747	
AU	0.479	0.517	0.517	0.381	0.534	0.083	0.242	0.401	0.408	0.601	0.423	0.447
NEM	−0.353	−0.291	−0.326	−0.222	−0.202	−0.041	−0.183	−0.203	−0.399	−0.270	−0.041	−0.353	0.828

通过对自助游游客的样本问卷的 Cronbrach's α 、CITC 等的信度分析，发现自助游游客的正式问卷具有良好的信度结果，采用 CFA 验证性因子分析对样本问卷进行 AVE、CR 等的分析，发现各个测量题项在各自的潜在变量上具有较好的聚合效度，而根据 AVE 与各潜在变量相关系数平方的数值比较显示，自助游游客的正式问卷各个潜变量之间具有较好的区别效度。总体而言，自助游游客的样本问卷整体质量较高，具有良好的信度、聚合效度和区别效度，可以对自助游游客的问卷进行下一步的统计分析。

二、团队游客样本问卷的质量测评

团队游客样本中，男女游客的人数分别为 157 位和 192 位，其中，18 ~ 30 岁的为 176 位，31 ~ 40 岁的为 87 位，41 ~ 50 岁的为 56 位，51 ~ 60 岁的为 19 位，而年龄小于 18 岁和大于 61 岁的游客分别为 6 位和 5 位。文化程度中初中及以下的为 11 位，高中或中专 74 位，大专或本科的为 230 位，研究生及以上的为 34 位；个人收入中低于 1 999 元为 97 位，收入在 2 000 ~ 3 999 元的为 115 位，收入在 4 000 ~ 5 999 元的为 73 位，收入在 6 000 ~ 7 999 元的为 30 位，收入在 8 000 元以上的为 34 位；职业构成中，学生为 100 位，企业为 99 位，事业单位为 52 位，自由职业者为 20 位，农民、退休人员、行政机关人员和其他分别为 5 位、11 位、28 位和 34 位。

　　分析团队游客发现，团队游客的男女游客的比例分别为45%和55%；18～30岁的游客同样也是团队游游客的主要构成人群，约占总人数的50.4%；收入低于1 999元的游客约占总人数的27.8%，而收入介于2 000～3 999元的游客也较多，约占团队游客总人数的33%；团队游客中学生所占的比例为28.7%，企业人数为28.3%，事业单位约占15%。团队游客的构成显示，在游客男女性别构成上其相差不大，团队游客中年轻游客所占的比例较高，收入在2 000～3 999元的游客在团队游客中所占比例较大。

　　本书对团队游客的样本问卷，依旧是进行了关于问卷信度、聚合效度、区别效度等的分析，通过问卷的Cronbrach's α信度分析，以确保测量题项的质量良好，并通过CFA测量模型进行了团队游客问卷的组合信度、聚合效度和区别效度的分析。

　　对团队游客的数据，本书仍采用Cronbrach's α作为信度分析的主要指标，如表6－10所示。通过对团队游客问卷数据的信度计算显示，各个潜在变量的Cronbrach's α值均在0.7以上，满足了Cronbrach's α大于0.7的良好信度要求，观察各个观察变量的CITC指标发现，除了AT2以外，各个观察变量的CITC指标均在0.5以上，而AT2的CITC指标为0.478，也较为接近0.5，因此，综合Cronbrach's α和CITC指标可知，团队游客样本的问卷信度较好，可以进行下一步的统计分析。

表6－10　　　　　　　　　　团队游客样本问卷的信度指标

潜变量	测量题项	Corrected Item-Total Correlation	Cronbrach's α if item Deleted	Cronbrach's α
AU	AU1	0.639	0.697	0.780
	AU2	0.528	0.755	
	AU3	0.662	0.685	
	AU4	0.523	0.762	
AB	AB1	0.820	0.865	0.908
	AB2	0.859	0.831	
	AB3	0.771	0.904	
PA	PA1	0.772	0.869	0.895
	PA2	0.811	0.835	
	PA3	0.800	0.846	
AT	AT2	0.478	0.744	0.737
	AT3	0.583	0.624	
	AT4	0.626	0.569	

续表

潜变量	测量题项	Corrected Item-Total Correlation	Cronbrach's α if item Deleted	Cronbrach's α
TM	TM1	0.714	0.843	0.873
	TM2	0.799	0.809	
	TM3	0.725	0.838	
	TM4	0.682	0.858	
SE	SE1	0.830	0.904	0.926
	SE2	0.848	0.898	
	SE3	0.854	0.895	
	SE4	0.789	0.919	
CO	CO1	0.764	0.890	0.907
	CO2	0.817	0.873	
	CO3	0.813	0.872	
	CO4	0.794	0.881	
PEM	PEM1	0.573	0.823	0.803
	PEM2	0.772	0.619	
	PEM3	0.628	0.754	
NEM	NEM1	0.833	0.906	0.926
	NEM2	0.883	0.864	
	NEM3	0.831	0.906	
PE	PE1	0.707	0.809	0.851
	PE2	0.734	0.780	
	PE3	0.727	0.789	
KN	KN1	0.782	0.904	0.911
	KN2	0.885	0.817	
	KN3	0.801	0.891	
EN	EN1	0.847	0.869	0.917
	EN2	0.812	0.899	
	EN3	0.841	0.873	
ES	ES1	0.629	0.806	0.823
	ES2	0.717	0.719	
	ES3	0.692	0.743	

对于团队游客的样本问卷的效度分析，本书仍采用 CFA 测量模型进行问卷的聚合效度、区分效度的分析。为了方便对比团队游客样本问卷在不同测量模型

间的指标，本书将团队游客样本数据的 CFA 测量模型设定为 B1。团队游客的 B1 模型的拟合优度指标如表 6 – 11 所示，综合模型的拟合优度的多个指标结果可知，本书团队游客的测量模型 B1 与数据具有较好的拟合性，说明可以对团队游客的正式问卷进行了下一步的验证性因子分析。

表 6 – 11 团队游客 CFA 测量模型的拟合数据

模型	χ^2/df	RMR	RMSEA	CFI	IFI	TLI	RFI	GFI	AGFI
B1	1.963	0.032	0.053	0.929	0.930	0.918	0.846	0.836	0.801

本书对团队游客各个观察变量进行了 CFA 分析，结果如表 6 – 12 所示。各个测量变量的标准化因子负荷量均大于 0.4，各个潜在变量的平均提取方差中除 AU 的略小于 0.5 外，其他潜在变量的 AVE 值均大于 0.5。观察团队游客各潜在变量的组合信度发现，团队游客的各个潜在变量的组合信度位于 0.746 ~ 0.927，各个潜在变量的组合信度均在 0.60 以上，说明模型的内在质量较为理想。从团队游客的样本间的组合信度（CR）和 AVE 值的表现来看，整个团队游客的模型就有良好的内在质量和较好的聚合效度。

表 6 – 12 团队游客样本问卷的聚合效度分析

潜变量	测量变量	标准化因子负荷量	组合信度	AVE
AU	AU1	0.754	0.787	0.482
	AU2	0.614		
	AU3	0.767		
	AU4	0.628		
AB	AB1	0.884	0.910	0.773
	AB2	0.924		
	AB3	0.826		
PA	PA1	0.829	0.896	0.742
	PA2	0.885		
	PA3	0.869		
AT	AT2	0.620	0.746	0.496
	AT3	0.738		
	AT4	0.747		
TM	TM1	0.783	0.876	0.640
	TM2	0.886		

续表

潜变量	测量变量	标准化因子负荷量	组合信度	AVE
TM	TM3	0.787	0.876	0.640
	TM4	0.736		
SE	SE1	0.921	0.916	0.735
	SE2	0.954		
	SE3	0.806		
	SE4	0.729		
CO	CO1	0.878	0.898	0.689
	CO2	0.931		
	CO3	0.759		
	CO4	0.737		
PE	PE1	0.788	0.853	0.658
	PE2	0.822		
	PE3	0.824		
PEM	PEM1	0.678	0.827	0.617
	PEM2	0.896		
	PEM3	0.768		
NEM	NEM1	0.872	0.927	0.809
	NEM2	0.947		
	NEM3	0.878		
KN	KN1	0.831	0.915	0.783
	KN2	0.966		
	KN3	0.852		
EN	EN1	0.902	0.918	0.780
	EN2	0.860		
	EN3	0.903		
ES	ES1	0.718	0.827	0.616
	ES2	0.836		
	ES3	0.795		

如表6-13所示，13个潜在变量的AVE均大于其与其他潜在变量的相关系数平方，AVE值处于0.482~0.809，其中AVE值较小的为AU，但0.482的AVE值也较为接近0.5的要求，同时观察AU的AVE值与AU与其他12个潜在变量相关系数的平方发现，AU的AVE值均大于其与其他潜在变量的相关系数平方，因此

从团队游客样本问卷发现，团队游客的问卷数据具有较好的区别效度。

表 6 – 13　　　　　　团队游客样本问卷的潜变量相关系数与 AVE 值

潜变量	PEM	ES	EN	KN	AB	PE	CO	SE	TM	AT	PA	AU	NEM
PEM	0.617												
ES	0.518	0.616											
EN	0.616	0.781	0.780										
KN	0.380	0.395	0.550	0.783									
AB	0.530	0.664	0.679	0.398	0.773								
PE	0.051	0.046	0.038	0.061	0.300	0.658							
CO	0.416	0.400	0.376	0.285	0.387	0.154	0.689						
SE	0.341	0.352	0.417	0.461	0.412	0.041	0.346	0.735					
TM	0.299	0.324	0.385	0.086	0.248	0.207	0.191	0.153	0.640				
AT	0.373	0.463	0.542	0.414	0.488	0.152	0.379	0.301	0.525	0.496			
PA	0.312	0.444	0.347	0.318	0.392	0.039	0.275	0.392	0.151	0.402	0.742		
AU	0.415	0.457	0.441	0.464	0.454	0.139	0.242	0.348	0.089	0.520	0.506	0.482	
NEM	-0.333	-0.226	-0.185	-0.202	-0.240	-0.164	-0.147	-0.191	-0.039	-0.098	-0.127	-0.224	0.809

通过对团队游客的问卷样本的 Cronbrach's α、CITC 等信度指标的统计分析发现，团队游客的正式问卷具有良好的信度质量。采用 CFA 验证性因子分析对样本问卷进行 AVE、CR 等的分析，发现各个测量题项在各自的潜在变量上具有较好的聚合效度，而团队游客问卷的各个潜在变量的 AVE 与各潜在变量相关系数平方的对比结果也显示了团队游客样本问卷具有较好的区别效度，故团队游客的样本问卷整体内在质量较高。基于此，本书在随后的章节中对团队游客正式问卷进行了相关的结构方程分析。

本章小结

本书的正式问卷共回收团队游客有效问卷 349 份，自助游游客有效问卷 351 份。针对有效问卷，本章进行了一般意义的人口统计特征分析，结果显示，两类问卷的数据具有较好的代表性，能够满足研究的需要。随后通过 CFA 测量模型对两类游客的正式问卷进行了聚合效度、区别效度和整体信度分析，结果显示两类游客的正式问卷质量较高，Cronbrach's α、AVE、CR 等指标均符合良好问卷质量要求，正式问卷的质量测评显示团队游客和自助游游客的正式问卷均符合研究需要，可以进行下一步的模型假设验证和影响因素组间差异分析。

第七章

旅游在场体验影响因素模型的假设检验

第一节　自助游游客的测量模型检验、模型修正及假设检验

　　本章节依据前文所构建的理论模型，着重针对实证测量模型的各个理论假设进行检验，分别对自助游游客和团队游客两个测量群体进行了模型的拟合优度检验和各个理论假设的验证。对于两个群体的研究，本书采用的是 AMOS20.0 的统计软件，利用极大似然方法对所构建的模型进行估计，为了方便两个群体之间的对比，本书将自助游游客的实证测量模型简称为 A2，团队游游客的实证测量模型设定为 B2，通过 AMOS 软件分别得出了两个模型的各个指标。

一、自助游游客的测量模型拟合度检验

　　将自助游游客的 351 份问卷导入 AMOS20.0 中，针对前文所构建的实证测量模型进行软件运行，得出自助游游客的实证测量模型的拟合优度指标。实证测量模型首先要检验模型适配度，采用常用的其方差与自由度比值、RMSEA、RMR、CFI、GFI 和 AGFI 等指标进行分析。自助游游客的假设模型适配度指标如表 7 - 1 所示。

表 7 - 1　　　　　　　　自助游游客的测量模型拟合优度

模型	χ^2/df	RMR	RMSEA	CFI	IFI	TLI	RFI	GFI	AGFI
A2	1.977	0.031	0.053	0.923	0.924	0.912	0.837	0.832	0.799

　　通过表 7 - 1 可知，自助游游客的实证测量模型的方差与自由度之比为 1.977，略小于 2，RMR 为 0.031，满足了 RMR 应小于 0.05 的良好适配度要求，RMSEA 为 0.053 略大 0.05，但仍小于 0.08，说明模型具有较好的适配度，而 CFI、IFI、TLI 等三个指标均大于 0.9，而 RFI、GFI 和 AGFI 等虽小于 0.9，但也大于或者接

近 0.8。因此，说明自助游游客的 A2 模型具有较为理想的适配度。

二、自助游游客的测量模型修正

根据自助游游客的测量模型的各个指标，参考 AMOS 所给出的模型修正指数 MI（modification indices），本书对测量模型的各个变量间关系进行了调整。根据吴明隆对于 SEM 修正指标的解释，本书针对自助游游客和团队游客的 MI 模型，进行了模型的修正，分别通过若干次的观测变量的残差项共变关系的建立，进一步提高了模型的拟合优度。经过若干次测量模型的观察变量相关关系构建，最后得到了修正后的测量模型拟合优度指标，为了便于对比，将修正后的模型简称为 A3，其个指标如表 7-2 所示。

表 7-2   修正后的自助游游客模型拟合指数

模型	x^2/df	RMR	RMSEA	CFI	IFI	TLI	RFI	GFI	AGFI	PGFI	PNFI
A3	1.742	0.029	0.046	0.942	0.943	0.933	0.857	0.852	0.822	0.706	0.760

结果显示，修正后的自助游游客模型整体指标比之前的自助游游客测量模型具有较大的改善，其中 RMSEA 指标由原来的 0.053 下降至 0.046，达到了 RMSEA 小于 0.05 的优良指标要求，而 AGFI 也由 A2 的 0.799 上升至 0.822，同时代表简约适配度指数的 PGFI 和 PNFI 为 0.706 和 0.760，符合大于 0.5 的模型可接受范围（吴明隆，2011），说明模型的适配度较好。此外，对比测量模型、独立模型、饱和模型的 AIC 和 CAIC 指标发现，修正后的模型指标均有所下降且均小于独立模型和饱和模型的相应指标。同时，依据 Hoelter（1983）所提出的临界样本数 CN 应大于 200 的要求考察本书理论模型适配的程度发现，修正后的 A3 模型其 Hoeler 在 0.05 的显著性水平为 218，在 0.01 的显著性水平下为 226，说明修正后的理论模型具有较好的适配度。总之，依据 AMOS 所提示的 MI 修正指标，适度的修正后测量模型 A3 较之 A2 模型具有较好的拟合优度，说明修正后的模型和自助游游客样本数据之间具有较好的拟合性。

三、自助游游客的研究假设检验

经过自助游游客模型的拟合优度检验以及测量模型的适度修正后，测量模型的拟合优度有了较为显著的提升，自助游游客的测量模型与数据具有较好的匹配度，因此，对自助游游客问卷对旅游者在场体验影响因素的路径假设进行相应的验证。自助游游客的各个路径参数估计的结果如表 7-3 和图 7-1 所示。

表 7-3   自助游游客模型的路径检验和假设检验的结果

研究假设	潜变量关系	标准化系数	C. R.	P 值	结论
H_{1d}	AU→PEM	0.447	4.712	***	支持
H_{5e}	TM→PEM	0.323	4.270	***	支持
H_{3d}	SE→PEM	0.101	1.419	0.156	不支持
H_{4d}	CO→PEM	0.319	4.565	***	支持
H_{1e}	AU→NEM	-0.228	-3.243	0.001 **	支持
H_{6e}	TM→NEM	-0.259	-4.157	***	支持
H_{3e}	SE→NEM	-0.008	-0.133	0.894	不支持
H_{4e}	CO→NEM	-0.059	-1.058	0.290	不支持
H_{7d}	PE→PEM	0.218	3.007	0.003 **	支持
H_{7e}	PE→NEM	-0.010	-0.180	0.857	不支持
H_{1a}	AU→KN	0.422	3.025	0.002 **	支持
H_{1c}	AU→EN	0.517	2.840	0.005 **	支持
H_{1b}	AU→ES	0.232	1.788	0.074	不支持
H_{8a}	PA→KN	0.149	2.397	0.017 *	支持
H_{8c}	PA→EN	0.016	0.321	0.748	不支持
H_{8b}	PA→ES	0.146	2.345	***	支持
H_{6a}	TM→KN	0.180	1.822	0.069	不支持
H_{6c}	TM→EN	0.364	2.732	0.006 **	支持
H_{6b}	TM→ES	0.243	2.469	0.014 *	支持
H_{3a}	SE→KN	0.029	0.352	0.725	不支持
H_{3c}	SE→EN	0.012	0.120	0.905	不支持
H_{3b}	SE→ES	0.078	0.967	0.333	不支持
H_{4a}	CO→KN	0.155	1.684	0.092	不支持
H_{4c}	CO→EN	0.302	2.407	0.016 *	支持
H_{4b}	CO→ES	0.299	3.332	***	支持
H_{7a}	PE→KN	0.119	1.384	0.166	不支持
H_{7c}	PE→EN	0.210	1.919	0.055	不支持
H_{7b}	PE→ES	0.262	3.058	0.002 **	支持
H_{2a}	AB→KN	0.251	3.551	***	支持
H_{2c}	AB→EN	0.272	4.653	***	支持
H_{2b}	AB→ES	0.358	4.929	***	支持
H_{9a}	PEM→KN	0.480	4.203	***	支持

研究假设	潜变量关系	标准化系数	C. R.	P 值	结论
H₉c	PEM→EN	0.515	4.077	***	支持
H₉b	PEM→ES	0.441	4.191	***	支持
H₉d	NEM→KN	- 0.031	- 0.562	0.574	不支持
H₉f	NEM→EN	- 0.064	- 1.417	0.156	不支持
H₉e	NEM→ES	- 0.098	- 1.785	0.074	不支持
H₅a	AT→KN	0.141	1.670	0.095	不支持
H₅c	AT→EN	0.237	3.232	0.001 **	支持
H₅b	AT→ES	0.164	1.962	0.050 *	支持

注: *** 表示显著水平为 0.001, ** 表示显著性水平为 0.01, * 表示显著性水平为 0.05。

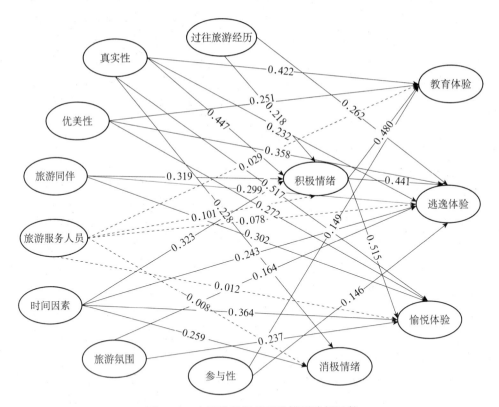

图 7 - 1 自助游问卷的理论模型路径系数

从表 7 - 3 中的 P 值和结论可知,旅游刺激物真实性对于旅游者积极情绪和消极情绪都的标准化路径系数均显著,本书研究假设 H₁d 和 H₁e 得到验证,说明刺激物真实性对于旅游者情绪有显著的影响。同时真实性对于自助游游客的教育体验和愉悦体验的标准化路径系数的伴随概率均小于 0.01 的显著性，研究假设 H_{1a} 和 H_{1c} 得到支持，但真实性对于旅游者逃逸体验的影响作用不显著，研究假设 H_{1b} 没有得到验证，总体而言，真实性对于自助游游客的旅游情绪和旅游者在场体验的影响作用得到了一定的验证。

优美性对于自助游个体教育体验、逃逸体验、愉悦体验的标准路径系数分别为 0.251、0.272 和 0.358，且三个路径系数均达到了小于 0.001 的显著性，说明优美性对于自助游游客在场体验的三个维度都具有显著的正向影响作用，研究假设 H_{2a}、H_{2b}、H_{2c} 得到验证。

时间因素对于自助游游客的旅游积极情绪的路径系数显著，其影响作用为 0.323；同时时间因素对于自助游游客的消极旅游情绪的标准化路径系数也达到了小于 0.001 的显著性标准，说明旅游时间对与自助游游客的旅游正负情绪都具有一定的显著的影响作用；时间因素对于自助游游客在场体验中的愉悦体验和逃逸体验的标准化路径系数显著，说明时间因素对于自助游游客"愉悦"和"逃逸"体验具有显著的影响作用，研究假设 H_{6d}、H_{6e}、H_{6b}、H_{6c} 得到验证，而假设 H_{6a} 未得到验证。

正式旅游媒介旅游服务人员对自助游游客的正负旅游情绪及教育体验、愉悦体验和逃逸体验的路径系数均不显著，H_{3a}、H_{3b}、H_{3c}、H_{3d}、H_{3e} 等假设在自助游客样本中均未得到验证。旅游同伴对于自助游游客正向旅游情绪的路径系数为 0.31，P 值显示路径系数非常显著，而旅游同伴对于消极旅游情绪的路径系数并不显著，却对逃逸体验和愉悦体验的路径系数显著，总体而言，旅游同伴会直接影响旅游者的"积极情绪"、逃逸体验和愉悦体验，研究假设 H_{4d}、H_{4b}、H_{4c} 三个假设得到验证。

自助游游客的"过往体验"会对旅游者的积极情绪产生显著的影响作用，对消极情绪的影响作用没有得到支持，同时自助游游客过往的旅游经历在一定程度上会影响旅游者逃逸体验，但过往相似的旅游经历对于旅游者在场体验的教育体验和愉悦体验的影响不显著，因此，假设 H_{7a}、H_{7c}、H_{7e} 未得到验证。

参与性对于自助游游客的教育体验和逃逸体验的路径系数较为显著，说明参与性对于这两种在场体验具有直接的正向影响作用，但参与性对于自助游游客愉悦体验不具有显著的影响作用，实证结果支持研究假设 H_{8a}、H_{8b}。

旅游氛围对于旅游者在场体验三个维度的标准化路径系数显示，旅游氛围对于自助游游客的逃逸体验和愉悦体验都具有显著的影响作用，但是旅游氛围对游客的教育体验没有直接的影响作用，研究假设 H_{5b}、H_{5c} 在自助游游客样本中得到验证。

旅游者积极情绪和消极情绪作为模型中的中介变量，一方面受到各个外生潜在变量的影响；另一方面其对于旅游者的在场体验也具有一定的影响作用，自助游游客测量模型的路径检验显示，旅游者的积极情绪对于旅游者教育体验、逃逸体验和愉悦体验都具有显著的影响作用，而消极情绪对于三个维度在场体验都不具有显著的影响作用，实证结果验证了本书的 H_{9a}、H_{9b}、H_{9c} 的研究假设。

第二节　团队游客的测量模型检验、模型修正及假设检验

针对团队游客的正式问卷，本书采用与自助游游客问卷相似的研究方法，对团队游客问卷与测量模型间的适配度进行研究，针对 AMOS 给出的 MI 值对测量模型进行进一步的修正，然后在修正后的测量模型基础上对团队游客的旅游在场体验影响因素进行研究，探讨各个因素对旅游者在场体验的影响作用。

一、团队游客的测量模型拟合度检验

采用与研究自助游游客测量模型相同的分析方法，本书对团队游客的实证测量模型进行了拟合优度的研究。选取 NC、RMSEA、RMR、CFI、GFI 和 AGFI 等指标作为衡量团队游客旅游在场体验实证模型的拟合优度指标，为了更好地对比团队游客模型修正前后的指标差异，将修正前的团队游客测量模型设定为 B2，将修正后的团队游客测量模型设定为 B3，具体的结果如表 7-4 所示。研究拟合优度中 NC 值为 2.122，其小于 3，说明模型具有较好的拟合优度，但需要进一步进行模型修正；B2 模型的 RMR 值为 0.035，满足 RMR < 0.05 的要求；RMSEA 值为 0.057，略大于 0.050，说明模型的拟合优度还未达到令人满意的程度；而模型的 CFI、IFI、TFI 等指标均大于 0.9，满足了三个指标大于 0.9 的良好拟合优度要求；而 RFI、GFI 和 AGFI 等指标虽小于 0.9，但也基本上在 0.8 附近，说明模型还需要进一步的修正以提高其模型的整体拟合优度；同时对比团队游客 B2 模型的简洁性指标 AIC 发现，其略大于独立模型的指标。总而言之，B2 模型具有一定的拟合优度，但还是不尽理想，故本书将根据 AMOS 给出的 MI 修正指标选择适当的观测变量进行共变关系的建立，以期提高整个模型的拟合优度。

表 7-4　　　　　团队游客实证模型的拟合优度

模型	χ^2/df	RMR	RMSEA	CFI	IFI	TLI	RFI	GFI	AGFI
B2	2.122	0.035	0.0570	0.916	0.917	0.904	0.833	0.823	0.786

二、团队游客的测量模型修正

对于团队游客的实证模型修正，本书仍依据吴明隆等人的模型修正原则，依次选择 MI 指标较大的两两关系进行了共变关系建立。MI 修正指标的结果显示，旅游同伴这一潜在变量的四个题项之间具有较强的共变性，CO4 的残差项与 CO3 的残差项之间建立共变关系，CO4 与 CO1 和 CO2 之间的残差项之间共变关系；在时间因素方面，TM1 与 TM4 之间的残差项、TM1 与 TM2 之间建立共变关系产生的 MI 的数值较大；积极情绪的三个观察变量 PEM1 和 PEM2、PEM2 与 PEM3 之间的残差项也可以建立一定的共变关系。团队游客需要进行修正的变量关系在定量指标数值和定性的关系上都存在合理的解释，因此，本书按照 MI 指标提示进行了团队游客的测量模型的修正，修正后的指标如表 7-5 所示。

表 7-5　　　　　　　　　修正后的团队游游客模型拟合指数

模型	χ^2/df	RMR	RMSEA	CFI	IFI	TLI	RFI	GFI	AGFI	PGFI	PNFI
B3	1.852	0.032	0.049	0.937	0.938	0.927	0.854	0.848	0.815	0.696	0.751

通过对比团队游客的 B2 和 B3 模型发现，修正后的团队游客拟合优度较之修正前具有较大的改善，卡方自由度比值已经由原来的 2.122 下降至 1.852，此时的 NC 值已经符合了小于 2 的良好适配度要求，说明 B3 模型具有较好的适配性；RMR 和 RMSEA 指标均有相应的下降，其中 RMSEA 指标由原来的大于 0.05 改善为小于 0.05，满足了 RMSEA 值最好小于 0.05 的要求；对比发现修正后模型 B3 的 CFI、IFI、TFI 都有了一定的提升，而原来略小于 0.8 的 AGFI 值也上升至 0.815；此外 B3 模型的 PGFI 和 PNFI 值分别为 0.696 和 0.751，两个指标均大约 0.5，说明模型的适配性较好；除了表格中所列出的指标外，对比假设模型、独立模型与饱和模型的 AIC 值发现，B3 值经过修正后小于独立模型的值，说明模型具有较好的简约性，而 HOELTER 值在 0.05 的显著性水平的样本量为 204，在 0.01 的显著性水平下样本量为 211，均符合了 HOELTER 值应大于 200 的要求。因此，对比团队游客修正前后的测量模型，笔者认为模型 B3 较之 B2 在拟合优度和简约性等方面都有了较大的改善，此时的 B3 模型与团队游客数据之间具有较好的适配性，可以进行下一步的变量间关系的路径分析。

三、团队游客的研究假设检验

基于修正后的团队游客测量模型，本书采用 AMOS20.0 进行各个变量间的因果研究，通过与 349 份团队游客的数据分析，如表 7-6 和图 7-2 所示，其结果显示修正后的团队游客测量模型 B3 的各个潜在变量间的标准化路径系数和对应的 P 值，以显著性为 0.05 为标准，团队游客的部分路径系数较为显著。

表 7 - 6   团队游客模型的路径检验和假设检验的结果

研究假设	潜变量关系	标准化路径系数	C. R.	P 值	结论
H_{1d}	AU→PEM	0.683	4.932	***	支持
H_{5d}	AT→PEM	0.170	1.211	0.226	不支持
H_{6d}	TM→PEM	0.354	3.665	***	支持
H_{4d}	CO→PEM	0.422	5.383	***	支持
H_{7d}	PE→PEM	0.048	0.608	0.543	不支持
H_{1e}	AU→NEM	− 0.269	− 2.992	0.003 **	支持
H_{5e}	AT→NEM	− 0.136	− 1.340	0.180	不支持
H_{6e}	TM→NEM	− 0.110	− 1.464	0.143	不支持
H_{4e}	CO→NEM	− 0.129	− 2.142	0.032 *	支持
H_{7e}	PE→NEM	0.137	2.135	0.033 *	支持
H_{8d}	PA→PEM	0.063	0.731	0.465	不支持
H_{8e}	PA→NEM	0.003	0.046	0.963	不支持
H_{1a}	AU→KN	0.276	1.373	0.170	不支持
H_{1c}	AU→EN	0.421	2.026	0.043 *	支持
H_{1b}	AU→ES	0.593	2.448	0.014 *	支持
H_{8a}	PA→KN	0.073	0.828	0.408	不支持
H_{8c}	PA→EN	0.173	0.889	0.374	不支持
H_{8b}	PA→ES	0.065	0.625	0.532	不支持
H_{6a}	TM→KN	0.399	3.117	0.002 **	支持
H_{6c}	TM→EN	0.625	1.606	0.108	不支持
H_{6b}	TM→ES	0.227	1.507	0.132	不支持
H_{3a}	SE→KN	0.295	5.076	***	支持
H_{3c}	SE→EN	0.104	2.161	0.031 *	支持
H_{3b}	SE→ES	0.008	0.136	0.892	不支持
H_{4a}	CO→KN	0.300	2.469	0.014 *	支持
H_{4c}	CO→EN	0.669	2.113	0.035 *	支持
H_{4b}	CO→ES	0.337	2.353	0.019 *	支持
H_{7a}	PE→KN	0.070	0.862	0.389	不支持
H_{7c}	PE→EN	0.134	0.733	0.464	不支持
H_{7b}	PE→ES	0.053	0.548	0.583	不支持
H_{2a}	AB→KN	0.057	0.882	0.378	不支持
H_{2c}	AB→EN	0.400	6.901	***	支持
H_{2b}	AB→ES	0.420	6.155	***	支持

续表

研究假设	潜变量关系	标准化路径系数	C. R.	P 值	结论
H_{9a}	PEM→KN	0.622	3.547	***	支持
H_{9c}	PEM→EN	0.539	2.582	0.010 **	支持
H_{9b}	PEM→ES	0.574	3.937	***	支持
H_{9d}	NEM→KN	−0.053	−1.033	0.302	不支持
H_{9f}	NEM→EN	−0.043	−0.974	0.330	不支持
H_{9e}	NEM→ES	−0.025	−0.488	0.625	不支持
H_{5a}	AT→KN	0.278	2.007	0.045 *	支持
H_{5c}	AT→EN	0.483	1.393	0.164	不支持
H_{5b}	AT→ES	0.194	1.148	0.251	不支持

注：*** 表示显著水平为0.001，** 表示显著性水平为0.01，* 表示显著性水平为0.05。

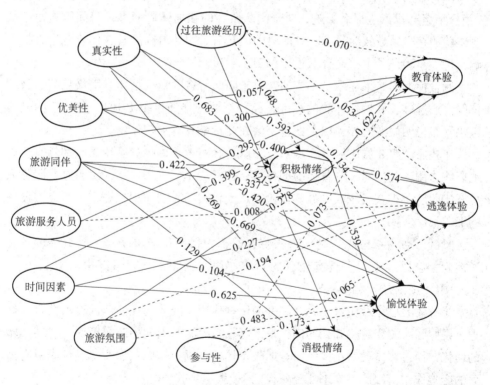

图 7-2　团队游客问卷的模型路径系数

研究本书设定的各个外生潜在变量发现，旅游刺激物的真实性对于团队游客的积极情绪和消极情绪的标准化路径系数均显著，真实性对团队游客的负向情绪影响作用略低，为 −0.269；真实性对于团队游客的旅游在场体验中的教育体验的路径系数不显著，对于愉悦体验和逃逸体验的标准化路径系数较为显著，说明真实性对于团队游客的"愉悦"和"逃逸"体验均具有直接的影响作用，因此，本书研究假设中的 H_{1b}、H_{1c}、H_{1d}、H_{1e} 得到了验证。

旅游刺激物的优美性对于团队游客的教育体验不产生显著的影响作用，而是对团队游客的逃逸体验和愉悦体验具有显著的影响作用，验证了本书研究假设中的假设 H_{2b} 和假设 H_{2c}。

旅游氛围对于团队游客的正负情绪、旅游者的愉悦体验、逃逸体验的标准化路径系数均不显著，研究假设中 H_{5b}、H_{5c} 的假设未得到验证，对于团队游客旅游氛围对其的影响作用主要集中在旅游者的教育体验上，其影响作用约为 0.278，故研究假设 H_{5a} 得到了验证。

时间因素对于团队游客的影响作用较之旅游氛围更为显著，其中时间要素对于团队游客的"积极情绪"具有非常显著的影响作用，但时间对于团队游客的"消极情绪"没产生显著影响，对于团队游客的在场体验而言，时间因素对于教育体验的路径系数较为显著，证明时间因素对于团队游客的教育体验产生直接影响，进一步验证了本书研究假设中的 H_{6d}、H_{6a}。

测量模型的结果显示，旅游同伴对于团队游客的积极情绪、消极情绪、教育体验、逃逸体验和愉悦体验的标准化路径系数的伴随概率 P 均小于 0.05 的显著性水平，说明旅游同伴对以上的各个潜在变量都具有影响作用。

正式旅游媒介旅游服务人员对于团队游客的教育体验和愉悦体验都具有显著地影响作用，其中对于教育体验的标准化路径系数约为 0.295，说明旅游服务人员对于团队游客获得较高的教育体验能产生较大的影响作用，证实了研究假设中的 H_{3a}、H_{3c}。

景区活动"参与性"对于团队游客的积极情绪、消极情绪、教育体验、逃逸体验、愉悦体验均不具有显著的影响作用，因此，研究假设中的 H_{8a}、H_{8b}、H_{8c}、H_{8d}、H_{8e} 没有得到验证。

旅游体验过往经历对于团队游客的影响作用主要体现在团队游客的消极情绪上，说明团队游客越感知到的消极情绪越强，越容易引起团队游客对于过往体验的回忆，而过往体验对于团队游客的教育体验、逃逸体验和愉悦体验都不具有显著的影响作用，因此，本书研究假设的 H_{7e} 等得到验证。

团队游客自身的积极情绪对团队游客教育体验、愉悦体验和逃逸体验的路径系数为 0.622、0.539 和 0.574，说明团队游客自身的积极情绪对于旅游在场体验的感知具有较强的影响作用，而消极情绪对于以上三个维度的旅游在场体验的影响作用则不太显著，故研究假设中的 H_{9a}、H_{9b}、H_{9c} 得到验证，而假设 H_{9d}、H_{9e}、H_{9f} 未得到相应的验证。

第三节　旅游在场体验与过往经历回忆的假设检验

旅游在场体验影响因素相关研究和交互行为场的假设表明，在交互行为场中不仅存在旅游者个体对于情境因素、旅游情绪、真实性等因素的反应，个体的情绪和个体反应也会引发个体对过往行为历经的回忆。因此，本书在正式问卷中设计了一个关于旅游者过往经历回忆的测量题项，即"这次旅游让我想起以前的旅游经历"，测试旅游在场体验是否会引起旅游者对过往经历的回忆。对于过往旅游经历回忆的测量模型，本书选择旅游者旅游情绪和旅游在场体验三个维度作为外生潜在变量和中介变量，将旅游者的过往回忆作为内生观察变量，一方面考察旅游情绪对于旅游者过往回忆的影响作用；另一方面进一步考察旅游在场体验和旅游情绪间的相互作用。值得一提的是，因过往旅游回忆为单一题项，故按照吴明隆（2011）的建议，在 AMOS20.0 中直接将其作为观察变量（ME）引入模型，测量模型如图 7-3 所示。为了对比团队游客和自助游游客对于过往体验回忆的差异，本书对两个群体的游客进行了对比研究，结果如表 7-7 所示。为了与前文的测量模型进行区别，将自助游游客过往回忆的测量模型设为 A4，将团队游客的测量模型设为 B4。

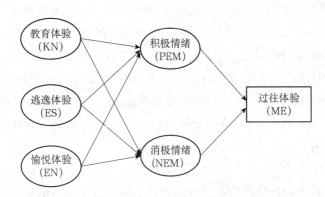

图 7-3　旅游情绪、旅游在场体验与过往体验的测量模型

表 7-7　　　　　　　　　　　　两类游客的测量模型拟合优度

模型	χ^2/df	RMR	RMSEA	CFI	IFI	TLI	RFI	GFI	AGFI
A4	2.639	0.029	0.068	0.957	0.957	0.945	0.914	0.917	0.880
B4	2.646	0.038	0.069	0.959	0.959	0.947	0.918	0.920	0.884

对比测量模型的各项指标发现，自助游游客的测量模型 A4 和团队游客的 B4

模型，卡方自由度之比分别为 2.639 和 2.646，虽然两个模型的卡方自由度比值大于最优适配值 2，但其仍小于 3，说明两个模型的模型适配性尚可。观察其他的指标发现，两个模型 RMR 的值均小于 0.05 标准，说明模型具有较好的适配性。此外，A4 和 B4 模型的 CFI、IFI、TFI、GFI 等值达到数值大于 0.09 的良好支配度要求，AGFI 数值略微偏低，但也接近 0.9 的要求，总体来看，两个模型具有较好的拟合优度，可以对其进行因果关系的路径系数分析。

研究自助游游客的样本问卷结果可知，自助游游客的正向积极旅游情绪（PEM）对旅游者回忆过往旅游的体验（ME）的标准化路径系数为 0.137，伴随概率 P 值为 0.027，说明对与自助游游客而言，较高的积极情绪会导致旅游者回忆其以往的旅游体验经历；而旅游在场体验中愉悦体验对于旅游者积极情绪的影响作用为 0.595，且其伴随概率 P 小于 0.001，说明自助游游客在获得较高的愉悦体验时，其自身会产生较高的积极情绪；与其相对应的是，自助游游客的消极情绪也会受到愉悦体验的反向的影响，即愉悦体验对自助游游客消极情绪的影响作用为 -0.269，其 P 值小于 0.01，从积极和消极情绪的视角来看，自助游游客在获得愉悦体验时，在场体验感知会显著地影响旅游者的旅游情绪。相比与愉悦体验，逃逸体验和教育体验对于旅游者个体情绪的影响作用较为不显著。结合前文自助游游客情绪对旅游在场体验的影响作用结果，笔者发现，在旅游者在游玩过程中获得了较高的积极情绪时，旅游者会相应获得较高的教育体验、愉悦体验和逃逸体验（积极情绪对于三个维度的旅游在场体验路径系数均小于 0.001），而自助游游客在进行愉悦体验时旅游者的积极情绪才会得到提升，说明旅游在场体验中的愉悦体验对游客情绪具有一定的弥补作用。

如表 7-8 所示，对比两类游客的样本问卷结果可以发现，团队游客对于过往体验的回忆与自助游游客具有显著的差别。团队游客在感知到积极旅游情绪和消极旅游情绪时，均会引起个体对于过往旅游经历的回忆，对比影响作用可知，积极情绪对于团队游客回忆过往经历的影响力略大于消极情绪的影响力，这说明团队游客在获得积极旅游情绪时更容易引发个体对过往经历的回忆。团队游客在场体验对于自身情绪的影响作用结果也与自助游游客略有差别，当团队游客获得愉悦体验时会促使自身愉悦情绪的出现且这种影响作用非常显著，而愉悦体验对于团队游客消极情绪的影响则不显著，说明无论游客是否获得了愉悦体验结果都不会影响旅游者消极情绪的产生。对于团队游客而言，教育体验的缺失则会显著地影响个体的消极情绪，虽然这种影响作用较小约为 -0.146，但这种微弱的影响作用却是显著存在于团队游客之中。团队游客参加旅行团旅游，一方面是为了游玩景点、享受乐趣；另一方面其很大程度上是为了开阔视野、获得在日常生活中未能了解到的知识。团队旅游的优势在于正式旅游媒介（导游人员）会在游玩中给自己介绍的大量当地的风俗、文化，从某种意义上来说，这应是团队旅游所必须获得旅游收获，因此，当团队游客没有获得较高的教育体验时，这种失望感会导致个体产生消极旅游情绪。

表7-8　　　　　　　　　　两类游客测量模型的参数估计

游客类型	潜变量关系	标准化系数	S.E	P值	结论
自助游游客	KN→PEM	0.038	0.065	0.617	不支持
	EN→PEM	0.595	0.084	***	支持
	ES→PEM	0.052	0.054	0.511	不支持
	KN→NEM	-0.025	0.099	0.765	不支持
	EN→NEM	-0.269	0.119	0.007**	支持
	ES→NEM	-0.123	0.083	0.162	不支持
	PEM→ME	0.137	0.101	0.027*	支持
	NEM→ME	0.012	0.068	0.842	不支持
团队游客	KN→PEM	0.070	0.058	0.256	不支持
	EN→PEM	0.473	0.095	***	支持
	ES→PEM	0.130	0.079	0.203	不支持
	KN→NEM	-0.146	0.089	0.034*	支持
	EN→NEM	-0.045	0.140	0.710	不支持
	PEM→ME	0.192	0.118	0.001**	支持
	NEM→ME	0.149	0.083	0.009**	支持

注：***代表$P<0.001$，**代表$P<0.01$，*代表$P<0.05$。

　　无论两类旅游者的测量模型参数结果存在何种差异，在旅游在场体验的交互作用模型中，旅游在场体验与其他影响因素的关系并非是简单的影响与被影响的作用。实证结果表明，教育体验、愉悦体验等旅游在场体验的获得对于自助游游客和团队游客的情绪变化都具有一定的显著影响作用，而旅游情绪的好坏也会促使旅游者回忆以往的旅游经历。故这两类游客的旅游在场体验与影响因素间存在着或多或少的相互作用关系。

第四节　测量模型的结果讨论

　　通过综合对比分析两类游客的测量模型路径关系，笔者发现旅游者在场体验的三个维度均会受到某些旅游因素的影响，但由于出游形式的不同，自助游游客和团队游客的旅游在场体验所受到的因素影响作用不尽相同，两者间存在一定的相似性和差异性。

一、真实性和优美性对旅游在场体验具有重要影响作用

真实性对自助游游客的正负情绪、旅游在场体验的三个维度都具有影响作用，而对于团队游客的除了教育体验外的内生其他潜在变量都具有显著的影响。以往的研究对于旅游景区外在指标（如资源的丰富度、资源的优美性、交通的通达性）对于旅游者体验的影响进行肯定，但忽略了对刺激物的真实性内涵的研究和影响作用的分析，本书对于两类旅游客的实证研究结论，在一定程度肯定了真实性在旅游者在场体验中的重要作用。

由于真实性可以从不同的角度研究划分为不同的类型（Urry，1990；Bruner，1994；Wang，1999），本书对于真实性的研究更多是从 Wang ning 的存在主义真实性的视角出发，认为真实性只有被旅游者主体认识，才能对其个体行为和情绪感知产生影响，正如 Anne（2010）、Muchazondida Mikono（2012）、高芳（2008）对虚拟的科幻电影场景、非洲文化特色饭店和"云南映象"的研究显示，虽然这些旅游刺激物本身所具有的真实性是通过特效技术、饭店装修或是演出的演员、音乐、服装、氛围等打造的，但是旅游者置身其中都会获得所谓"真实"的主观感知，获得身临其境、乐在其中、忘记时间流逝等一系列的旅游在场体验。

本书通过不同游客类型的对比研究，论证了无论是强烈追求真实性的自助游游客还是对真实性不敏感的团队游客，其个体的积极、消极情绪和旅游在场体验的三个维度都或多或少地受到真实性的影响，这个结论在一定程度上验证了 Wang 等提出的存在主义真实性对旅游者行为和个体感知具有更为深刻影响的论断。

以往在旅游者满意度、旅游感知的研究中，对于刺激物优美性的研究均有涉及，而本书的实证研究也进一步验证了刺激物优美性对于旅游在场体验和旅游情绪的影响作用。研究结果显示，优美性对于两类游客的愉悦体验和逃逸体验都具有显著影响，优美性对于自助游游客的教育体验具有显著的影响作用。这说明，无论游客是以何种形式、抱有何种目的出游，他们对于优美性都具有较高的关注度，优美度较高的旅游刺激物会促使游客沉浸在优美的景色中，逃离日常生活的烦恼，享受旅游带来的愉悦感。

二、旅游媒介对在场体验具有差异化的影响作用

旅游媒介作为信息的传播者，一方面将当地的文化传递给旅游者；另一方面

通过与旅游者的沟通交流提升旅游者的在场体验感知。本书对于团队游客和自助游游客的旅游媒介研究结果显示，不同类型的旅游者对于正式旅游媒介和非正式旅游媒介的依赖是不尽相同的。

对于自助游游客而言，其在整个旅游体验过程中接触到旅游正式媒介的频率和机会较少，部分原因是很多自助游客人会刻意地避免正式旅游媒介，期望通过自己的方式来实现对旅游目的地的体验，而团队游客在旅游中则非常依赖正式旅游媒介，因为团队游客希望通过正式旅游媒介提高旅游的整体舒适性和便利性（Gray Jennings & Betty Weither，2006），故自助游游客和团队游客对正式旅游媒介和非正式旅游媒介的态度存在显著差异，这一差异化的特点在两类旅游者的实证模型中也得到了印证。对于自助游游客而言，正式旅游媒介无论对其积极旅游情绪、消极旅游情绪、旅游者的教育体验、逃逸体验或愉悦体验都不具有显著的影响作用；而正式旅游媒介对团队游客的教育体验、愉悦体验都具有显著地影响作用，实证的结论与 Gray Jenning（2006）对于团队游客依赖正式媒介的论断相符。正式旅游媒介可以为团队游客提供大量的旅游目的地信息，同时周到的旅游服务也为团队游客提供了相当的便利，使团队游客更易获得愉悦的旅游在场体验。虽然实证模型未能证实正式旅游媒介对自助游游客的情绪和旅游在场体验的影响作用，但笔者认为自助游游客与正式旅游媒介接触较少是导致了其对正式旅游媒介的感知不显著的原因。对于自助游游客而言，他们在旅游体验过程中正是由于缺少了正式旅游媒介的帮助，使得自助游游客在旅游体验中获得当地传统文化、旅游刺激物的历史信息等知识较少，这一现象也是笔者在进行自助游游客调查中发现的普遍现象（很多自助游游客对于景点的了解远不及团队游客周全）。因此，本书认为在景区附近为自助游游客提供正式旅游媒介服务可以更好地帮助自助游游客了解旅游目的地信息和文化、获得更好的教育体验。

实证模型中关于非正式媒介即旅游同伴的研究结论显示，旅游同伴对团队游客和自助游游客的旅游情绪都会产生显著影响，其中旅游同伴会普遍影响自助游游客的积极情绪、愉悦体验和逃逸体验，会显著影响团队游客的正负情绪和旅游在场体验。William et al.（2006）在对背包客在旅游体验过程中的社会交往情况的研究中指出，背包客与同伴之间的交流具有两种作用。第一，与其他游玩同伴之间的社会交往有助于旅游者之间的文化和对当地旅游文化的理解；第二，旅游者更为倾向相互之间的交流，这种交流在比与当地居民之间的交流更为频繁，出现这种现象的原因在于同伴之间有更多的体验共性。无论是团队游客还是自助游游客，游客自身与旅游同伴在旅游目的地的身份相似（均是游客），因此，他们之间更容易进行个体间的交流，与兴趣相投的同伴进行信息沟通、营造和谐的旅游气氛对于个体积极旅游情绪都能产生较大的影响。从这个角度来看，在旅游者进行旅游在场体验时，无外乎要受到同游对象和游伴、团队其他成员的影响，在与他人的接触的过程中，个体情绪和感知会受到其他游客的影响。

总体而言，旅游媒介作为旅游目的地和旅游刺激物的信息传递的中介，一方面为游客提供了大量的旅游信息；另一方面也会为游客营造良好的旅游氛围，对旅游者更好地感知旅游刺激物的刺激功能、获取旅游信息和知识、享受愉悦、放松的旅游体验产生影响。不同旅游媒介对于团队游客和自助游游客的差异化影响作用，对于旅游企业和旅游目的地如何提高旅游者旅游体验、旅游者自身如何与旅游同伴相处等都具有指导意义和现实意义。

三、旅游者情绪对旅游在场体验具有显著的影响作用

旅游者情绪作为旅游者个体的一种心理状态，是个体对外界环境刺激的直接情感表现。"S-O-R"理论中强调情绪是个体组织对于刺激的中介反应，它会进一步影响个体的随后行为反应。本书的实证结果也显示，情绪在旅游者在场体验影响中确实承担了个体中介反应的作用。情绪一方面受到各种外生潜在变量（如，真实性、优美性、旅游同伴、旅游服务人员、旅游时间等）的影响；另一方面又对游客最终的旅游在场体验产生显著的影响作用。

在团队游客的测量模型结果中，旅游积极情绪受到旅游刺激物真实性、旅游同伴、旅游时间的影响，而旅游刺激物真实性、旅游同伴和过往体验等因素则对团队游客的消极情绪产生显著影响，即当团队游客感到刺激物具有模仿、复制嫌疑、旅游同伴关系不融洽或是有过类似不满意的旅游经历时，团队游客很容易产生"生气""失望"等消极的旅游情绪。与此同时，团队游客的积极旅游情绪也会直接影响到旅游者教育体验、愉悦体验和逃逸体验，这说明，良好的个体情绪可以促使团队游客更好地了解旅游目的地的信息，使其有动力去发现旅游目的地不同的事物，促使团队游客更好地在旅游体验过程中放松自我、远离烦恼，享受在旅游目的地的美好感觉。自助游游客的实证模型结果显示，自助游游客的积极情绪同样会受到真实性、旅游时间、旅游同伴和过往旅游体验的影响作用，而其消极情绪则会受到真实性、旅游时间两方面的影响。对于自助游游客而言，出游的目的是通过自己方式寻找旅游目的地不为人知的真实场景，他们喜欢的是一些能够体现当地本来面貌的旅游景点，因此，自助游游客对于旅游刺激物真实性的要求较之团队游客要略高一些，而自助游游客对于真实性的苛求，在一定程度上导致自身的情绪受到旅游刺激物真实性的显著影响。当自助游游客遇到一些真实反映旅游目的地原始状态的场景时，他们会产生兴奋、高兴的愉悦情绪，而当他

们面对的景点或旅游刺激物是一些模仿、复制或商业化的事物时，其有可能会产生一种失落和失望的消极情绪，因此，真实性对于自助游游客的旅游情绪具有非常显著地影响作用。与团队游客不同的是，自助游游客如果以往有过类似良好的旅游体验经历时，其会产生较高的兴奋和轻松情绪，而以往的旅游体验经历对自身失望或生气的消极情绪不产生显著的影响作用，由此可见，良好的旅游情绪对于个体旅游在场体验具有十分显著且重要的影响作用。

本章小结

自助游游客、团队游客问卷的信度和效度测量显示两个群体的正式问卷均具有良好信度和效度质量，本章依据所构建的理论模型分别对两个群体的正式问卷进行模型的相关检验，并对模型进行适度修正，使数据和模型具有更好的匹配度，最终得出各个潜在变量之间的因果关系和路径系数。本章节着重分析了真实性、优美性、时间要素、旅游氛围、旅游情绪等对两类游客在场体验的影响作用，同时，为了探究旅游在场体验与影响因素间是否存在交互影响作用，本书还选取了旅游情绪、旅游在场体验和过往旅游体验回忆作为研究对象，进行了交互作用的研究。

第八章

团队游客与自助游游客对体验影响
因素的感知差异分析

不同出游形式的旅游者对于旅游媒介的依赖和感知程度存在一定的差别。为了更好地研究旅游媒介对于两个群体游客的影响差别，本书以出游方式为划分标准，对两个群体的游客对于旅游媒介的感知进行 T 检验，通过其差异化的对比探究两个群体对于正式媒介和非正式媒介的感知差别，同时对比两种旅游媒介对于个体旅游在场体验三个维度的影响作用分析旅游媒介对旅游者在场体验的影响差异。

第一节　团队游客与自助游游客对旅游媒介的感知差异分析

一、两类游客对正式旅游媒介的感知差异研究

对于旅游正式媒介的影响作用，先采用 T 检验进行分析，结果如表 8 - 1 所示。出游方式 1 代表旅行社团队出游，团队游客对于正式旅游媒介（导游人员）的整体评价得分为 4.34 分，说明总体而言团队游客对于正式旅游媒介的认可度较高，普遍认为正式旅游媒介为其提供了很多帮助、能够为其提供各方面的旅游信息，同时正式旅游媒介对团队游客的态度友好、服务热情。而自助游游客（出游方式为 2 的群组），其对于正式旅游媒介的整体评价则较低，得分为 3.89 分，低于团队游客近 0.5 分，自助游游客与团队游客对于正式旅游媒介的评价出现较大的差异。为了保证 T 检验的科学性，需要对两类游客的正式旅游媒介的均值进行 levene 分析，以保证正式媒介的均值具有同质性，结果显示 levene 检验的 F 值为 0.164，其伴随概率 P 值为 0.678（大于 0.05 的显著性标准），无法拒绝原假设即正式旅游媒介的均值得分的母体间具有同质性，因此，可以对其进行独立样本的 T 检验。T 检验的结果表明，P 值小于 0.001，即两个游客群体间的正式旅游媒介均值间具有显著的差异。因此，初步检验结果验证了前文对于团队游客和

自助游客在正式旅游媒介上的感知存在差异的判断，究其原因，一方面是因为团队游客的旅游时间较为紧迫、旅游线路安排的局限性，因此，需要在较为紧凑的时间内完成旅游活动，获得愉悦体验、逃逸体验或者教育体验，因此不得不依赖正式旅游媒介（导游人员）等对其的帮助，而且对于团队游客而言，正式旅游服务人员的服务（无论是对于旅游信息的介绍、旅游行程中的照料和帮助）会大幅的提高团队游客自身的整体舒适性，这使得团队游客对于正式旅游媒介的评价较高；另一方面是因为自助游游客本身选择出游的目的之一就是享受时间和路线的自由性，同时自助游游客本身较之团队游客更具有一定的冒险性和好奇心，希望在旅游过程中能够通过自我努力实现各种旅游在场体验，因此，在游玩过程中自助游游客会尽量避免正式旅游媒介的介入，同时就自助游游客的出游形式而言，在旅游活动中较少能与正式旅游媒介进行深入的接触和互动，因而关于正式旅游媒介是否为其提供了足够了帮助、提供了很多旅游信息等调查题项，其整体的评价都较为一般，故团队游客对于正式旅游媒介的高度依赖和自助游客对正式旅游媒介的较低感知导致了最终正式旅游媒介在两个旅游群体间的影响差异。

表 8 - 1　　　　　　　团队游客与自助游客对正式旅游媒介的 T 检验

变量	出游方式	样本量	平均数	标准差	levene 检验 F 值	levene 检验 P 值	t 值	T 检验 P 值
SE	1	349	4. 34	0. 662	0. 164	0. 678	8. 405	0. 000 ***
	2	351	3. 89	0. 755				

注：*** 代表 P < 0. 001；出游方式 1 代表旅行社团队出游，2 代表自助游出游。

值得一提的是，团队游客与自助游游客不仅在正式旅游媒介的均值上存在显著的差异，分析前文两类旅游者旅游在场体验影响因素的路径（见表 8 - 2），发现两类游客正式旅游媒介对于旅游者的教育体验存在显著的差异，其中自助游客的样本问卷数据显示，自助游游客的正式旅游媒介这一影响因素对于自助游游客的个体正负情绪以及旅游在场体验的三个体验维度都不存在显著的影响作用。而对于团队游客而言，正式旅游媒介对于团队游客的教育体验具有非常显著的正向影响作用。团队游客可以通过正式旅游媒介了解很多深入和详细的旅游目的地文化、信息、旅游刺激物的相关历史和知识，而在调查中笔者也发现团队游客在遇到关于景区景点的相关信息问题时，会及时请教正式旅游媒介（导游人员）寻求答案等，因此，正式旅游媒介与团队游客的互动使得团队游客在旅游体验的教育体验维度上受到正式媒介影响的作用较强。

表 8 – 2   两类游客的正式旅游媒介对比分析

游客类型	变量关系	结论
自助游游客	PEM < – – – SE	不支持
	NEM < – – – SE	不支持
	ES < – – – SE	不支持
	EN < – – – SE	不支持
	KN < – – – SE	不支持
团队游客	PEM < – – – SE	不支持
	NEM < – – – SE	不支持
	KN < – – – SE	支持
	EN < – – – SE	不支持
	EN < – – – SE	不支持

二、两类游客对非正式旅游媒介的感知差异研究

本书对于非正式媒介的测量主要是侧重于旅游同伴的研究，对于旅游同伴
（CO）的研究也是遵循先进行一般性的统计描述、均值的同质性检验、两类旅游
者间的独立样本 T 检验，并根据前文的路径系数进行相关的分析。团队游客和自
助游游客的旅游同伴独立样本 T 检验的结果如表 8 – 3 所示。两类旅游者关于旅
游同伴的得分均值分别为 4.40 分和 4.49 分，两类旅游者与旅游同伴关系都较为
融洽，对比均值发现自助游游客对于旅游同伴的评价比团队游客在此项上的得分
高出 0.09 分，说明自助游游客与同伴之间的关系较之团队游客更为密切和和谐。
对两类旅游者的同伴得分均值进行 levene 检验，结果显示 levene 的 F 值为 0.074，
其伴随概率 P 值为 0.785，大于 0.05 的显著性水平，无法拒绝均值母体间同质性
的原假设，故两类旅游者的旅游同伴得分均值具有同质性特征，进一步对于进行
独立样本的 T 检验分析。独立样本的 T 检验 t 值为 2.159，其伴随概率为 0.031，
说明两类旅游者虽然对旅游同伴的得分差异较小，但 0.09 分的组间差异是显著
的。究其原因可知，自助游游客与出游的同伴多为关系密切的朋友或是亲人，因
而其在旅游过程中具有较多的共同语言，同时其结伴出游选择的目的地也是彼此
都比较认可的，这就导致了自助游游客群体在游玩过程中可以更多地分享自己的
旅游感受、旅游信息和旅游体验，进行同伴间的互动交流，同时密切的同伴关系
也会使其在旅游体验过程中更多地互相关心、关照对方，为彼此提供及时帮
助，故自助游游客在旅游同伴的整体评价都较高。而团队游客与同伴的关系有

可能是亲朋、同事甚至是陌生人（如散客拼团的旅游团），因此，团队游客与同伴的关系则较为平淡，其在旅游体验过程中会因身份的相同产生彼此的好感和亲和感，但是，团队游客的这种同伴关系与自助游游客同伴关系还存在一定的差距，团队游客有可能会互相帮助、互相分享一定的旅游信息，而对于旅游体验或是旅游感知等个人的主观感知其有可能不会进行深入交流和相互探讨，故团队游客的组团形式在一定程度上阻碍了团队游客与同伴更为亲密的融洽关系的形成。

表 8 - 3　　　　　团队游客与自助游客对非正式旅游媒介的 T 检验

变量	出游方式	样本量	平均数	标准差	levene 检验 F 值	levene 检验 P 值	t 值	T 检验 P 值
CO	1	349	4.40	0.544	0.074	0.785	2.159	0.031 *
	2	351	4.49	0.571				

注：＊代表 P＜0.05；出游方式 1 代表旅行社团队出游，2 代表自助游出游。

结合前文对于旅游同伴与旅游在场体验和旅游正负情绪的影响关系可知，自助游游客的旅游同伴与团队游客的旅游同伴对于各自旅游在场体验影响的作用存在路径上的差异，同时其对于中介变量"正负情绪"的影响作用也不尽相同，如表 8 - 4 所示。对于自助游游客群体而言，旅游同伴关系的融洽能够显著正向的影响其旅游积极情绪、旅游逃逸体验、"愉悦情绪"，而旅游同伴关系对于"负面情绪"和教育体验的影响作用不显著；对于团队游客而言，其旅游同伴的关系能够显著影响旅游者的正负情绪、教育体验、逃逸体验，但"同伴"关系对于旅游者愉悦体验没有产生显著的影响。对比自助游游客和团队游客旅游同伴显著性路径的标准化系数发现，旅游同伴对于旅游者个体的"正向情绪"的产生都具有非常显著的影响作用（P 值均小于 0.001 的显著性标准），说明无论团队游客还是自助游游客，拥有良好的同伴关系、同伴间的相互帮助和旅游信息的交流等都会显著的提升旅游者自身的旅游愉悦感。而旅游同伴因自身身份与旅游者自身有重叠之处，身份的认同也使旅游同伴区别于一般的正式旅游媒介或者是目的地居民等非正式旅游媒介人员，故同伴的态度、情绪会对其他旅游者产生重要的影响作用（Muchazondida Mikono，2012）。除此之外，旅游同伴对于自助游游客和团队游客的逃逸体验同时具有一定的正向影响作用（P 值均小于 0.05 的显著性标准），说明对于两类旅游者而言，其在旅游体验过程中是否获得逃离压力、忘记自我、融入环境的旅游逃逸体验会受到同伴的影响，究其原因是，良好融洽的同伴的关系可以使旅游者获得更高的旅游积极情绪，从而促使旅游者能够在旅游体验过程中忘记烦恼，享受身处截然不同的环境中的体验。对于自助游客而言,"同伴关系"除了对其逃逸体验产生正向的显著影响外,还能促使旅游者产生更高的愉悦体验,而团队游客的数据结果显示,同伴关系对于其愉悦体验的影响作用不尽显著,这在一定程度上与两个群体的旅游者对于旅游同伴的依赖程度有关,从前文自助游游客对于旅游同伴的评价可知,其对于同伴关系的融洽和谐氛围评价较之团队游客显著偏高,而自助游游客所感知到的愉悦体验(获得很多快乐、感到很开心等)在一定程度上来源于同伴关系的融洽,而团队游客在这方面的愉悦感觉则更多来自旅游景色等方面。

表8-4 两类游客的非正式旅游媒介对比分析

游客类型	变量关系	结论
自助游游客	PEM < - - -CO	支持
	NEM < - - -CO	不支持
	ES < - - -CO	支持
	EN < - - -CO	支持
	KN < - - -CO	不支持
团队游客	PEM < - - -CO	支持
	NEM < - - -CO	支持
	KN < - - -CO	支持
	ES < - - -CO	支持
	EN < - - -CO	不支持

第二节 两类游客对真实性和优美性的感知差异研究

Sontag(1977)、Donald L. Redfoot(1984)等曾针对不同类型的旅游者对于真实性的关注程度进行了较为深入的研究,发现不同出游形式的游客对于真实性的感知和理解也不尽相同,团队游客对于旅游的真实性追求不高,而自助游客则是在旅游过程中尽量避免定式的团队线路安排和团队集体活动,他们更多的是希望关注当地真实的文化和真实的历史,并十分享受旅游体验带来的真实感。因此从国外学者对两类旅游者旅游目的和对真实性的追求来看,团队游客和自助游客对于旅游刺激物的真实性具有显著的感知差别,故本书以出游方式为划分标准,对两类旅游者真实性变量的均值进行对比,并着重探讨两者间真实性感知对旅游在场体验的影响作用。

一、两类游客对真实性的感知差异分析

通过对两类游客对刺激物真实性（AU）的均值比较发现，团队游客与自助游游客在两个变量上的均值都存在差异，如表 8 − 5 所示，其中对于真实性变量，团队游客比自助游游客的得分高，前者均值为 4.19，后者为 3.99，两个群体对于真实性的得分相差 0.2 分，对两个群体的 AU 均值得分进行同质性检验，结果显示 levene 的 F 值为 0.320，其伴随概率 P 值大于 0.05 的显著性水平，故 AU 变量的均值具有同质性特征，随后对两类旅游者 AU 得分进行 T 检验，结果显示团队游客与自助游游客在真实性的得分上虽然只相差了 0.2 分，但这个差距在组间是显著存在的，即两类旅游者对旅游刺激物的真实性感知存在非常显著的差异。基于国外学者对于不同游客间的真实性研究，笔者认为，团队游客之所以对旅游刺激物的真实性评价比自助游游客的评价高，是因为团队游客对于真实性的理解较浅、其在旅游过程中主要的旅游侧重点在于前往著名的旅游景点拍照、留下纪念等（Milgram，1976），团队游客对于刺激物是否具有较强的真实性并不在意，同时对于刺激物本身真实性的要求并不高，因此，有可能导致了其对于真实性的评价过于宽泛。而对于自助游游客而言，出游本身就是追求旅游的"真实性"，其希望通过旅游体验活动了解团队游客无法接触到的当地深刻文化，因此，从某种意义上来说，其对于刺激物真实性的要求颇高，刺激物的真实性需要满足其对于当地文化、当地历史和原貌的探求，这种苛刻的真实性标准有可能导致了自助游游客对于某一个刺激物的真实性评价得分较之团队游客要低。

表 8 − 5　　　　　团队游客与自助游客对真实性及优美性的 T 检验

变量	出游方式	样本量	平均数	标准差	levene 检验 F 值	levene 检验 P 值	t 值	T 检验 P 值
AU	1 2	349 351	4.19 3.99	0.616 0.619	0.320	0.572	4.311	0.000 ***
AB	1 2	349 351	4.36 4.31	0.599 0.614	0.015	0.902	1.205	0.229

注：∗∗∗代表 P＜0.001；出游方式 1 代表旅行社团队出游，2 代表自助游出游。

基于两类旅游者对刺激物真实性的感知存在显著的差异，本书进一步分析刺激物的真实性变量对于旅游者在场体验的影响和旅游者正负情绪的影响作用。如表 8 − 6 所示，自助游游客对于真实性的感知会非常显著影响到自助游游客的"正向旅游情绪"，同时也会对"负向旅游情绪"会产生较为显著的影响作用，而真实性对于自助游游客的在场体验不同维度的影响体现在其会显著影响自助游

游客的愉悦体验和教育体验，但是对自助游游客的逃逸体验并未产生显著影响。而对比团队游客的真实性影响作用发现，真实性对于团队游客的正向情绪和负向情绪都会产生较为显著的影响，对于旅游者个体的在场体验三个体验维度的影响与自助游游客的作用结果存在不同，真实性会显著影响团队游客逃逸体验和愉悦体验，但是对教育体验并未产生显著的影响。根据前文的分析，自助游游客对于旅游中真实性的追求较为严苛，其将真实性看作旅游体验过程中不可缺少的部分，同时其对待真实性的态度与团队游客不太一致，团队游客出游的目的是前往知名景点游玩、尽量用最少的时间游玩最多的景点，同时由于团队游客在游玩过程中主要是依赖正式旅游媒介对其信息的传递，因此，其教育体验更多地来自导游等正式人员的讲解，而旅游刺激物的真实性和历史原貌、当地文化并不能非常明显地被团队游客感知并产生对目的地了解的效果。而自助游游客本身希望通过旅游刺激物的历史原貌和当地文化的展示了解当地的文化、获得相关的知识，因此，旅游刺激物的真实性在一定程度上是教育体验的一种途径，可见两类旅游者在对的态度和感知上会造成真实性对其最后在场体验的影响差异。

表8-6　　　　　　　　　　两类游客的真实性对比分析

游客类型	变量关系	P值
自助游游客	PEM < − − − AU	***
	NEM < − − − AU	0.001 **
	ES < − − − AU	0.074
	EN < − − − AU	0.005 **
	KN < − − − AU	0.002 **
团队游客	PEM < − − − AU	***
	NEM < − − − AU	0.003 **
	ES < − − − AU	0.014 *
	EN < − − − AU	0.043 *
	KN < − − − AU	0.170

注：*** 代表 P<0.001，** 代表 P<0.01，* 代表 P<0.05。

二、两类游客对优美性的感知差异分析

对比自助游游客和团队游客的优美性变量的均值发现，两者对于旅游刺激物优美性的得分非常接近，前者为4.36分，后者为4.31分，自助游游客在此项上的得分均值仅比团队游客的得分低0.05分，同时对两个群体游客得分的 levene 检验显示两个得分具有同质性特征，因此，对两类游客在 AB 上的得分进行 T 检

验，结果显示，团队游客与自助游游客在刺激物优美性上的得分不具有显著差异（P 值为 0.229，大于 0.05 的显著性），说明在对于刺激物优美性高低的判断上，团队游客和自助游游客不存在差异。这是因为无论何种类型的旅游者对旅游刺激物优美性的评判标准都大体相似，从而导致了两者对于 AB 的评价得分没有显著差异。

第三节　两类游客对情境要素的感知差异研究

前文对于情境因素对于旅游者在场体验的研究可知，情境要素对旅游者在场体验具有重要的影响作用，一方面时间因素会直接导致旅游者对于景区游玩是否愉悦；另一方面景区整体的氛围也会对旅游者对旅游刺激物的感知和理解产生影响，故本书采用与前文分析相似的分析方法，对自助游和团队游客两个游客群体在时间要素和旅游氛围进行对比分析。

一、两类游客对时间要素的感知差异研究

正式问卷关于"时间要素"考察主要集中于游客自身是否可以自由掌控在旅游景区内的游玩时间、是否可以自由支配游玩时间的分配等，团队游客和自助游游客对于"时间"这一变量的评价具有较大的差别（见表 8 - 7），团队游客对于旅游时间的得分偏低，得分仅为 3.77 分，说明就目前团队游客调查的结果显示，团队游客对于景区内游玩"时间"充裕性具有较低的赞成度，对于时间的自我可支配性也较低。而自助游游客对于"时间"的得分为 4.35 分，其高于团队游客近 0.6 分，自助游游客的得分表明，自助游游客在景区内游玩的时间较为充足，其可以在自己喜欢的地方停留较长的时间且游玩时间没有受到严格的限制。

由此可知，自助游游客和团队游客的"时间"平均分相差较大，但为了客观的证明证实这种时间感知的差距，本书对两者的时间进行了同质性检验和组间的独立样本 T 检验，结果显示两个群组对于时间的得分存在显著地差异，说明正式问卷调查的两类游客对于"游玩时间"的评价相差较大。众所周知，团队游客是集体出游，其旅游线路和旅游行程相对较为固定，由于其购买的旅游产品是旅行社已经定制好的旅游线路，旅游的各个行程之间连接的较为紧密，因此在时间安排上较为紧凑，所以很多团队游客在景区内游玩的时间是受到严格的限制的，同时为了保证行动上的统一，团队游客单独游玩和自己支配游玩时间的机会较少，故团队游客对于"时间"的评价基本处于"一般"到"基本同意"这个

范围内。而自助游游客尤其是自己安排旅游线路和游玩时间，因此其在游玩时间上的自主性较强，不易受到外界的强制制约。

表 8 - 7   团队游客与自助游客对"时间"的 T 检验

变量	出游方式	平均数	标准差	levene 检验 F 值	levene 检验 P 值	t 值	T 检验 P 值
TM	1 2	3.77 4.35	0.719 0.632	0.179	0.672	11.345	0.000***

注：***代表 P<0.001；出游方式 1 代表旅行社团队出游，2 代表自助游出游。

时间因素对自助游游客正向情绪影响作用的路径系数为 0.323，而对于团队游客的正向情绪具有显著的作用，其路径系数为 0.354，较之自助游时间的影响作用，团队游客时间对正向情绪的影响力更大。究其原因，有可能是因为自助游游客时间支配更自主，游玩时间相对较为充裕，因此，在景区内停留更长的时间对自助游游客本身的愉悦感没有太大的提升，而对于提高被告知游玩时间将被限制的团队游客而言，能够在景区内停留较长时间会较高地提升其自身的积极情绪，同时从另一个角度来看，团队游客本身出游时内心已经存在游玩时间紧迫、时间会被限制的心理预期，因此，即使时间被严格约束、无法在景区内自由的游玩，其负面消极情绪也不会出现较大的波动，这也在一定程度上解释了为何时间对团队游客的消极情绪作用不显著。

从时间因素影响作用的对比（见表 8 - 8）可以发现，团队游客和自助游游客的路径显著性出现了截然相反的情况，对于自助游游客的样本，时间会显著地影响游客的愉悦体验和逃逸体验，但对教育体验的影响作用不够显著，而团队游客的结果显示，时间会显著地影响团队游客的教育体验，但对其愉悦体验和逃逸体验的作用不够显著。团队游客一般是跟随正式旅游媒介（导游人员）在景区内游玩，因此，充足的游玩时间可以使其能够跟随导游及时完成各个景点的知识了解，而团队游客游玩中更侧重于记录自己游玩的影像，无法自身随心游玩，从而无法更好地融入环境，达到忘却自我，融入环境的逃逸体验和享受在景区内自由游玩的愉悦感觉，因此，团队游客的时间对其本身的愉悦体验和逃逸体验的作用不太显著。而自助游游客，其教育体验更多是从刺激物的真实性、优美性等因素获得，而因为其较少在景区内接触正式旅游媒介，因此，无法像团队游客一样，通过正式旅游媒介的景区讲解获得较高的教育体验，游玩时间长短并不会给自助游游客带来更多的教育体验，同时自助游游客在景区内游玩时间的优势，可以促使自助游更好地融入环境、放松自我，享受逃离尘嚣的愉悦感觉，所以时间因素对于自助游游客的逃逸体验和愉悦体验具有较显著的影响作用。

表 8 - 8 　　　　　　　　　　　　　两类游客时间因素的对比分析

游客类型	变量关系	P 值
自助游游客	PEM < - - - TM	***
	NEM < - - - TM	***
	ES < - - - TM	0.014 *
	EN < - - - TM	0.006 **
	KN < - - - TM	0.069
团队游客	PEM < - - - TM	***
	NEM < - - - TM	0.143
	ES < - - - TM	0.132
	EN < - - - TM	0.108
	KN < - - - TM	0.002 **

注：*** 代表 $P < 0.001$，** 代表 $P < 0.01$，* 代表 $P < 0.05$。

二、两类游客对旅游氛围的感知差异研究

情境因素中除了时间因素外，本书还涉及了旅游氛围这一外生潜在变量，对于这一变量主要是测量景区营造的氛围、景区设计和景区的舒适度等，两类游客的旅游氛围的得分对比情况，如表 8 - 9 所示。

表 8 - 9 　　　　　　　　　　团队游客与自助游客对旅游氛围的 T 检验

变量	出游方式	平均数	标准差	levene 检验 F 值	levene 检验 P 值	t 值	T 检验 P 值
AT	1 2	4.18 4.31	0.569 0.593	1.905	0.168	3.088	0.002 **

注：** 代表 $P < 0.01$；出游方式 1 代表旅行社团队出游，2 代表自助游出游。

自助游游客在此项上的平均得分为 4.31 分，而团队游客对于旅游氛围的得分也较高，其平均数为 4.18 分，说明自助游游客和团队游客对于景区舒适的旅游氛围都持有相似的意见。两个均值的检验发现，两个群体的均值母体具有同质性，因此，可以进行独立样本的 T 检验。对旅游氛围的 T 检验表明，虽然两者间的平均得分只相差 0.13 分，但团队游客和自助游游客对于旅游氛围的评价间存在显著的差异。

结合前文旅游氛围对两类旅游者旅游在场体验和旅游情绪的影响作用分析，如表 8 - 10 所示，旅游氛围对于团队游客和自助游游客的影响作用普遍较小，其中旅游氛围会显著地影响自助游游客的逃逸体验和愉悦体验，而对自助游游客的

正负旅游情绪和教育体验的影响作用不显著，而对于团队游客而言，旅游氛围只对其教育体验产生影响，对于旅游情绪和愉悦体验、逃逸体验都不具有影响作用。总的来说，虽然旅游氛围的普遍得分较高，但旅游氛围的高低好坏对于团队游客和自助游客的情绪波动不产生任何显著地影响作用。这有可能是因为旅游氛围作为一种游离于旅游刺激物之外的环境整体感知，旅游氛围优劣更多的是一种客观情形，其并不像旅游刺激物的真实性、优美性或者是旅游同伴和旅游时间等变量可以直接可以被旅游者感知，因此旅游氛围的优劣并不能影响旅游者自身情绪的变化。自助游游客希望在景区内获得放松自我、享受自由游玩的感受，这种舒适、自由的感觉很多时候需要依托景区营造的轻松氛围，故景区内游玩的自由感、景区的舒适感会对自助游游客获得享受宁静、沉浸景色中具有显著的作用。

表 8-10　　　　　　　　　　两类游客旅游氛围的对比分析

游客类型	变量关系	结论
自助游游客	PEM < - - - AT	不支持
	NEM < - - - AT	不支持
	ES < - - - AT	支持
	EN < - - - AT	支持
	KN < - - - AT	不支持
团队游客	PEM < - - - AT	不支持
	NEM < - - - AT	不支持
	ES < - - - AT	不支持
	EN < - - - AT	不支持
	KN < - - - AT	支持

　　笔者认为，虽然两类游客对情境因素中时间和旅游氛围的评价都较为正向，但是时间和旅游氛围对于这两类旅游者所产生的影响作用是不尽相同的。较之时间因素，旅游氛围对于两类旅游者的整体作用较小，而时间因素这一在传统市场营销中被低估的情境要素在旅游者在场体验的影像中却发挥着较大的作用。旅游活动在某种程度上是一种对时间的消费，旅游者购买旅游产品的最终目的是获得在异地游玩的时间，因此，时间对于旅游者而言是格外重要的，时间可以作为旅游体验、旅游行为的一种刻度表述，故在对团队游客和自助游游客的研究中发现，时间对其情绪和在场体验都具有显著的影响作用。

本章小结

从以往研究者的定性分析中可知，不同类型游客对影响因素的感知存在差异，为了进一步验证定性研究结论，本章节在前一章的基础上，对团队游客和自助游客关于旅游在场体验影响因素的感知差异进行了对比分析，通过对两类游客进行了组间对比，尤其选取真实性、旅游媒介和情境要素进行了研究，发现不同游客对于真实性、旅游同伴、旅游服务人员、时间维度和旅游氛围存在一定的差异，研究结论在一定程度上验证了前人对不同群体游客旅游体验的假设。

第九章

旅游在场体验影响因素的
研究结论与管理启示

本章主要对本书的研究内容和研究结论进行总结性的回顾，并根据旅游在场体验影响因素的研究结论提出一系列的管理启示和意见，同时结合目前研究中的不足和局限性，提出未来旅游者在场体验可以进一步深入研究的方向。

第一节　旅游在场体验影响因素的研究结论

一、旅游在场体验影响因素的研究结论

基于旅游在场体验影响因素的文献综述、基础理论、旅游在场体验理论的整合思考以及两类旅游者的实证分析和测量模型的验证，本书得出了一系列旅游在场体验的研究结论。

1. 旅游在场体验作为旅游者的一种在场心理感知，受到旅游刺激物、旅游媒介、旅游情境因素、旅游情绪、旅游过往体验、旅游者参与等多种因素的影响，而不同类型的旅游者在旅游在场体验及影响因素感知方面等存在显著的差异。

2. 不同类型的旅游者的个体旅游情绪受到不同的外部因素的影响。团队游客的积极旅游情绪受到旅游刺激物真实性、旅游同伴、旅游时间的影响，消极情绪受到真实性、旅游同伴和过往体验等因素影响，而自助游游客的积极情绪受到真实性、旅游时间、旅游同伴和过往旅游体验的影响作用，但其消极情绪仅受到真实性、旅游时间两方面的影响。

3. 不同类型的旅游者旅游情绪对于旅游在场体验的影响作用具有相似性。团队游客和自助游游客的积极旅游情绪会差异化地影响到旅游者的教育体验、愉悦体验和逃逸体验等旅游在场体验，而两类旅游者的消极情绪均不会影响到旅游者对三类旅游在场体验的感知。

4. 以往未得到广泛关注的影响因素"真实性"在旅游者在场体验中发挥着重要的影响作用，真实性会显著影响自助游游客的教育体验、愉悦体验，而真实性对团队游客的逃逸体验和愉悦体验产生显著影响作用。

5. 正式旅游媒介（旅游服务人员）对于两类旅游者的在场体验具有差异化的影响作用。正式旅游媒介会直接影响团队游客的教育体验和愉悦体验，而对自助游游客的旅游情绪以及任何的旅游在场体验都不产生显著的影响作用。

6. 非正式旅游媒介（旅游同伴）对于两类旅游者的旅游情绪和旅游在场体验都具有显著且广泛的影响作用。旅游同伴显著影响自助游游客的积极情绪、旅游的愉悦体验和逃逸体验，同时也会显著影响团队游客的积极情绪、消极情绪以及旅游在场体验的三个维度。

7. 旅游者参与对旅游者在场体验产生截然不同的影响结果。较为丰富和具有趣味性的参与性活动会促使自助游游客产生更高的逃逸体验和教育体验，而旅游者参与对于团队游客的旅游情绪和三类旅游在场体验均不产生显著的影响。

8. 旅游者过往经历对旅游者情绪和旅游在场体验感知具有相关性。自助游游客的过往旅游体验会直接影响个体的积极旅游情绪和旅游者的逃逸体验，而团队游客的过往体验则仅对旅游者的消极情绪产生直接影响作用。

9. 旅游者的旅游情绪对旅游者回忆过去旅游经历具有一定的影响作用。团队游客在感知到较高的积极情绪或是较高的消极情绪时，会激起自身对于过往类似旅游体验的回忆，而自助游在感受到较显著的积极情绪时才会促使个体回忆过往的旅游体验。

10. 旅游者在场体验和旅游者旅游情绪间存在交互的影响作用。如前文所述，团队游客和自助游游客的积极情绪会直接影响旅游者的在场体验感知，同时旅游者对于三类旅游在场体验的感知对旅游者情绪产生反馈作用。团队游客的愉悦体验与积极情绪具有显著的正相关关系、教育体验与消极情绪具有显著的负相关关系；自助游游客的愉悦体验会正向影响旅游者的积极情绪，愉悦体验与消极情绪成反比关系。

11. 出游形式的不同和旅游中接触的旅游媒介的不同，导致了不同旅游者对于正式和非正式旅游媒介的依赖程度不同。团队游客较之自助游游客更易受正式旅游媒介的影响，而自助游游客对于非正式旅游媒介（旅游同伴）的认可程度也显著高于团队游客。

12. 不同类型的旅游者对于旅游刺激物真实性和优美性的感知也不尽相同。团队游客对于真实性的评价得分要显著高于自助游客，而两者对于优美性的评价不存在显著的组间差异性。

13. 情境因素中的时间要素和旅游氛围在两类旅游者间存在显著的感知差异。团队游客对于旅游时间充裕度和自由度的感知要明显的低于自助游游客，同时团队游客对于景区氛围的综合评价得分也显著的低于自助游游客的评价得分。

二、对旅游在场体验相关研究的展望

结合本书研究的不足之处和目前其他学者的研究成果，笔者认为未来旅游在场体验还可以从以下四个方面进一步深入研究。

（一）选择多种旅游者类型进行对比研究

本书已从出游方式的角度进行了团队游客和自助游游客的研究，并得出了一系列的差异化结论，未来的研究可以继续采用实证对比研究的方法，从旅游者出游目的、出游动机、旅游地类型等角度进行旅游者的重新划分，从而探究各种类型旅游者间旅游在场体验的差异。

（二）多种跨学科理论的介入研究

本书选择从心理学角度切入，将心理学、社会学、消费者行为学等学科角度进行理论的构架，未来的研究可以将更多的理论进行整合，如将经济学的效用理论引入旅游在场体验的相关研究中，从旅游者消费成本、消费者效用等角度探究旅游在场体验的影响因素。更多跨学科理论的介入，将产生更多的影响因素变量，这势必会丰富旅游在场体验研究的成果。

（三）扩大旅游调查地点的范围

旅游在场体验是一种普遍的旅游者个体主观感知，因此，对于多地的旅游者在场体验的研究将进一步验证旅游在场体验影响因素的交互作用。未来的研究可以将调查地点扩大到省外，对不同区域和不同特质的旅游景点进行旅游者在场体验调查，通过各种类型旅游景点的旅游者调查进行旅游在场体验的相关研究。

（四）调查数据的时序性收集

旅游在场体验具有一定的前后累积性，这是本书基于及时静态数据得出的分析结论，对于未来的研究可以采用追踪调查和数据时序收集，针对同一个旅游者进行多次旅游在场体验的追踪记录和调查，通过若干次、多样本、多群组的数据分析探究各个影响因素对于旅游在场体验的影响机制，深化对旅游在场体验的影响因素的研究。

第二节　旅游在场体验影响因素的管理启示

本书通过对两类不同类型旅游者的实证研究，得出了关于两类旅游者在旅游在场体验和影响因素感知等方面的多个研究结论，这些结论从定量的角度验证了本书先前的若干理论假设，同时也为旅游企业、旅游目的地、旅游者自身更好地提升旅游者在场体验提供了一定的管理启示。

一、注重影响旅游在场体验的多个因素，全方位提升旅游者在场体验质量

本书目前的研究结论显示，旅游者的旅游在场体验受到各个方面的多重影响，旅游者旅游在场体验受到刺激物真实性、优美性、旅游参与性、旅游时间、旅游氛围、服务人员、旅游同伴、过往旅游体验经历、积极情绪和消极情绪等一系列个人主观因素和外界客观因素的影响。从这个层面上看，旅游目的地、旅游企业或旅游景区要力图提升旅游者在场体验的教育、逃逸和愉悦感知，仅从某一方面进行强化是远远不够的。对于旅游景区而言，其应侧重景区良好环境的打造，例如优化景区的设计布局，使景区内的旅游线路更为合理，有效地控制景区的游客密度，避免过量游客在短时间涌入景区造成环境的拥堵，为旅游者提供适度的个人空间，同时依据景区本身的自然和文化历史特征，打造与其气质相符的旅游氛围，为旅游者更好地融入景色、接受旅游刺激物的刺激作用提供浓郁、良好的情境环境。同时景区应适度开设一些旅游参与性活动和体验性活动，通过推出一些具有吸引力的参与性活动，加强旅游者与旅游刺激物之间的互动，促使旅游者通过自身参与其中的行为提高旅游者对旅游目的地文化、历史等的了解，通过一些具有挑战性的活动激发旅游者的好奇心，满足旅游者猎奇的心理，使旅游者在参与中放松心情、获得较高的愉悦体验。

二、关注真实性的打造，力求真实性和优美性的平衡开发

从游客感知的角度来看，一个景点若要形成自身的景点特色、景点知名度，在构建优美感的同时，保持刺激物的历史原貌、挖掘其深层的文化内涵是不可或缺的。依据真实性和优美性的实证研究显示，两类旅游者对于旅游刺激物优美性都具有较高的关注度，因为景区的优美性会帮助游客更好地放松自我、逃离日常生活的烦恼、享受旅游时光；而真实性对于两类旅游者在场体验感知影响也非常重要。因此，笔者认为，从提升旅游者在场体验感知的角度出发，旅游目的地或

旅游企业在进行旅游规划或旅游刺激物在进行开发设计时，一方面应考虑旅游刺激物本身外在的优美性、考虑旅游刺激物与周围旅游景区环境的结合性、和谐性，避免对景区环境进行过度和商业化的开发，尽量保持景区自然优美性的同时，实现旅游基础设施、旅游服务设施等建造，为旅游者打造高度的景区美感；另一方面在对于旅游景区开发、产品设计和旅游产品升级时，应关注旅游刺激物真实性旅游内涵的展现，把握对旅游景区历史性、文化性等人文特征的保持。对于历史悠久、文化沉淀深厚的旅游资源应尽量保持其原始风貌，在进行商业化改造和商业化运作时，应避免出现复制模仿其他著名景点、将非同类文化类型的旅游产品和设计融合在一起进行开发推广等现象，避免使游客产生复制、模仿和似曾相识的旅游印象，从而破坏了旅游者的好奇心和旅游情绪；而对于那些本身具有一定历史文化特质，但特质不显著的旅游资源，在旅游景设计和开发过程中，适当地加入当地传统文化元素、着重深挖其背后独有的文化底蕴，在开发中可以通过文化展示节目向旅游者传递真实性的感知。"存在主义真实性"强调从旅游者的视角来审视真实性而非专家视角或是当地居民的视角，因此，"存在主义真实性"是开发和创造出使游客信服的真实性，即这种真实性也许并非是客观真实性，也许经过专家的论证并不具有历史的客观真实性，或是从当地居民的视角看来这种真实性与真实的当地日常生活状况完全不同，但通过"舞台化真实性"的打造，采用影音、特效、布景、服装和旅游氛围打造出一种身临其境的"真实感"，使游客获得真实性的需求，例如，印象刘三姐、印象云南等旅游项目，其采用舞台化的真实性同样为旅游者创造了一种特别的真实性感知，有效提高了旅游者在场体验的愉悦体验和逃逸体验，获得较高游客满意度。

三、有效区分不同类型旅游者的需求，依据各自特点为其提供差异化的旅游服务

旅游在场体验是一种主观性很强的个人感知，而不同类型的旅游者由于自身的客观原因和主观倾向不同，导致了不同旅游者的旅游在场体验影响因素存在差异化，针对这种情况旅游企业应根据旅游者的需求和行为倾向进行差异化的服务。从正式旅游媒介对团队游客和自助游游客的影响作用来看，正式旅游媒介对团队游客的教育体验和愉悦体验都具有显著的影响，因此，旅游企业和旅游目的地在注重旅游景区景点的硬件设施打造的同时，也应注意提高正式旅游媒介（旅游服务人员）的职业技能和服务素质，加强正式旅游媒介对于旅游目的地当地历史、传统文化、旅游目的地旅游信息的深入了解，力图为旅游者提供周到、全面的高质量旅游服务，向旅游者及时、准确地传递当地文化历史、积极承担其文化

捐客的作用，满足团队游客的求知欲。对于自助游游客而言，其本身由于对当地文化知识缺乏深入的了解，同时对于正式旅游媒介接触的较少，因此，其教育体验的感知度不高，针对这种情况，旅游目的地企业可以在景区和景点附近为自助游游客提供正式旅游媒介服务，这对于其更好地了解旅游目的地信息和文化，获得更好的教育体验都具有一定的现实意义。

四、把握旅游在场体验与过往旅游经历之间的关系，注重打造良好口碑形象

旅游者的旅游在场体验不仅受到旅游现场各种客观和主观因素的交互影响，其与旅游者个体过往旅游经历也存在千丝万缕的联系。过往旅游经历势必会为旅游者留下或多或少的回忆，而不论这种回忆是正面的还是负面的，其在旅游者再次感受到相似的旅游体验时都会成为以一种记忆的形式出现，勾起旅游者对过往的回忆，同时过往经历的记忆在一定程度上也直接作用于旅游者在场的体验，当旅游者在当下遇到类型的情境时，会以一种既定的个体反应惯性对其作出反应，而这种个体反应也正是在反复类似的旅游经历中形成的。旅游者每一次的旅游在场体验构成了一个环环相扣的记忆链，旅游企业和旅游目的地微小的失误和任何劣质服务行为都会打破所有良好旅游在场体验的累积效果，导致游客再次遇到不良旅游在场体验时会直接回忆以往的糟糕体验，从而使旅游者的在场体验感知下降，而旅游者糟糕的旅游体验也会进一步强化旅游者不良过往体验记忆，从而形成恶性循环，影响整个旅游市场的健康长远发展。因此，对于旅游企业、旅游目的地景区而言，其应避免短视的经济行为，做所谓的"一锤子"买卖，不应为了寻求短期经济利益而损害旅游者的消费利益、放弃提供良好的旅游服务、忽视打造自身良好的口碑。旅游企业应通过提供高品质的旅游服务促使旅游者产生良好的在场体验和积极情绪，这样才能通过良性循环使旅游者每一次满意的旅游体验都成为下一次旅游体验的良好基础，旅游企业应避免旅游者出现负面情绪，导致旅游者本次旅游体验的下降。因此，旅游企业和旅游目的地应立足长远发展，保证稳定的服务质量，打造良好口碑和形象，通过每一次旅游者的优质在场体验实现旅游目的地的长期发展。

五、关注旅游者旅游情绪的波动，对不良情绪进行及时改善

从团队游客和自助游游客的正负旅游情绪分析可知，对于旅游企业、旅游目的地或旅游服务人员而言，促使团队游客和自助游游客产生良好的旅游情绪是十分重要的，因为良好的情绪直接影响到旅游者的旅游体验感知。而旅游者情绪作

为个体中介变量会受到多重因素的影响。实证结果显示，要促使团队旅游者和自助游游客产生积极的旅游情绪，均要从真实性、旅游时间和旅游同伴等方面进行开展。具体而言，真实性会直接影响旅游者的积极和消极的情绪，对于团队游客，其主观认知的真实性一方面来自自我感知；另一方面来自正式旅游媒介（导游人员）对于景点的讲解。因此，为了使团队游客获得较高的旅游真实性感知，旅游目的地应着力打造景点的真实性感觉，可以通过布景、历史原貌复原、传统文化展示等方法提高团队游客的旅游真实感，同时应加强正式旅游媒介对于景点的讲解，使团队游客通过景点知识的了解提升其对其真实性的信服感。而对于自助游游客而言，因为在旅游过程中接触正式旅游媒介的机会很少，所以旅游目的地和旅游企业在进行旅游景点的市场宣传时应着重强调旅游刺激物的真实性内涵，使自助游游客在自我搜集旅游信息时可以了解到相关的真实性知识。此外，在旅游景点内旅游企业也应适当的增设旅游服务等项目，使自助游游客可以有机会接触到更多的正式旅游服务人员，从而提高自身对景点和旅游刺激物的认知。团队游客积极情绪在很大程度上受到旅游时间的影响，因此，旅游企业在设计旅游线路和旅游行程上应尽量做到时间宽松，而导游服务人员在为团队游客安排景点和景区游玩时间和游玩线路时，也应保证团队游客能在景区内有较为充足的时间游玩和欣赏，在较为著名的景点应让团队游客有自由支配和活动的时间，宽裕的游玩时间可以使团队游客在紧凑旅游行程中更好地感觉旅游地的旅游氛围、深入了解旅游目的地的特点和文化，从而达到放松自我、享受旅游体验、了解异域文化的目的。

六、旅游者自身应处理好各项关系，调节自身旅游状态，做好旅游事前准备工作

教育体验、愉悦体验和逃逸体验等旅游在场体验是一系列复杂的旅游者个体感知，旅游者要获得和提升自身的旅游在场体验，仅依靠旅游企业、旅游目的地等旅游供给方的优质服务来实现是不够的。旅游在场体验是一种互动行为的产物，旅游者自身的积极反应能力、主动的参与行为和良好的心理状况等都会为旅游者自身在异地获得良好的旅游在场体验提供保证。对于旅游者而言，充分的事前旅游准备会使其能够顺利应对旅游过程中的各种突发事件，同时，为了提高自身的教育体验感知，旅游者应在旅游体验活动前适当收集旅游目的地的人文风俗和景点相关信息，对旅游目的地和旅游景点有一个大体的了解，这样有助于在旅游体验过程中通过亲身感知、服务人员帮助、与当地居民沟通等加深教育体验的感知程度。旅游者在旅游过程中，应主动配合旅游服务人员积极参与景区内有

趣的体验性活动，尽量在可能的情况下多接触当地居民，借助正式旅游媒介和非
正式旅游媒介，达到了解异地文化、欣赏优美景色的目的，通过提高自身的旅游
参与度达到自身融入景色、逃离烦恼的目的。当旅游者在遇到问题时应及时和旅
游服务人员、旅游企业或旅游景区进行沟通，避免生气、愤怒和失望情绪的出
现，从而影响自身旅游在场体验的感知，扭曲外出旅游获得快乐、放松自我的旅
游本质。同时，旅游者应格外注重旅游体验中良好人际关系的建立，对于团队游
客和自助游游客而言，旅游同伴的关系对其旅游情绪、旅游在场体验等都具有非
常显著地影响作用，和谐的相处氛围促使游客保持愉悦、开心和兴奋的旅游情
绪，良好的人际关系和团体氛围是获得高质量旅游体验的保证，因此，旅游者应
提高自身与旅游同伴的融入度，秉承同伴间相互包容的态度，加强自身与旅游同
伴间的交流和信息沟通，在同伴遇到困难时及时提供有力的帮助，提高自身的旅
游积极情绪，获得快乐、愉悦和难忘的旅游在场体验。

　　总之，旅游在场体验是一个复杂的个体心理感知，高质量在场体验的获得离
不开旅游者自身、旅游企业、旅游目的地景区、旅游服务人员等多方面的共同努
力，而本书针对不同群体游客的旅游在场体验进行了理论分析和实证研究，所得
出的结论对现实中如何提升旅游者在场体验具有一定的借鉴意义。

参考文献

［1］阿尔温·托夫勒. 未来的冲击［M］. 北京：中国对外翻译出版公司，1985.

［2］蔡明达，许立群. 建构怀旧情绪量表之研究——以地方老街为例［J］.（台湾）行销评论，2007，4（2）：163－186.

［3］柴台山. 从体验行销观点探讨电子游戏场之消费情境因素研究——以高雄市为例［D］. 台湾树德科技大学，硕士毕业论文，2005.

［4］陈建勋. 顾客体验的多层次性及延长其生命周期的战略选择［J］. 统计与决策，2005（6）：109－111.

［5］程菻，周强，赵宁曦. 情境满意度对旅游者购物行为的影响研究——以黄山市屯溪老街为例［J］. 特区经济，2008（1）：192－194.

［6］储玖琳. 影响旅游者决策的相关情境因素分析——以大唐芙蓉园为例［J］. 陕西理工学院学报，2009，25（3）：90－94.

［7］I. 德尔，霍金斯等著，符国群等译. 消费者行为学（第8版）［M］. 北京：机械工业出版社，2003.

［8］Dell Hawkins，Goger J. Best，Kenneth A. Coney 著. 符国群等译. 消费者行为学［M］. 北京：机械工业出版社，2000.

［9］丁玲红. 体验背景下旅游体验质量影响因素研究［J］. 经济研究导刊，2010（25）：167－168.

［10］范钧. 顾客参与对顾客满意和顾客公民行为的影响研究［J］. 商业经济与管理，2011，231（1）：68－75.

［11］范明真. 旅游纪念品购买动机、购买情境与游客旅游回忆影响之研究［D］. 台湾朝阳科技大学硕士论文，2012.

［12］范秀成，李建州. 顾客餐馆体验的实证研究［J］. 旅游学刊，2006，21（3）：56－61.

［13］范秀成，张彤宇. 顾客参与对服务企业绩效的影响［J］. 当代财经，2004（8）：69－73.

［14］冯淑华，沙润. 游客对古村落旅游的"真实感——满意度"测评模型初探［J］. 人文地理，2007（6）：85－89.

[15] 符国群. 消费者行为学（第二版）[M]. 武汉：武汉大学出版社，2004.

[16] 高俊雄. 休闲参与体验形成之分析 [J]. （台湾）户外游憩研究，1993，6（4）：1－12.

[17] 郭本禹，修巧燕. 行为的调控－行为主义心理学 [M]. 济南：山东教育出版社，2009.

[18] 郭艳芳，宋保平，田祥利. 大学生无景点旅游体验影响因素实证研究——以西安3所高校为例 [J]. 北京第二外国语学院学报，2010（7）：75－79.

[19] 胡塞尔著，倪梁康译. 现象学的观念 [M]. 上海：上海译文出版社，1986.

[20] 黄敏学，周学春. 顾客教育、就绪和参与研究：以基金为例 [J]. 管理科学，2012，25（5）：66－75.

[21] 贾英，孙根年. 论双因素理论在旅游体验管理中的应用 [J]. 社会科学家，2008（4）：92－95.

[22] 贾跃千. 游客景区体验的构成因素及其内在作用机制研究 [D]. 浙江大学博士论文，2009.

[23] 姜海涛. 旅游场：旅游体验研究的新视角 [J]. 桂林旅游高等专科学校学报，2008，19（3）：321－325.

[24] 赖允荃. 自行车专用道使用者环境知觉与休闲行为之相关研究 [D]. 台湾中正大学硕士论文，2008.

[25] 蓝世明. 从体验行销观点探讨连锁杂志咖啡馆之消费情境因素研究——以台中市为例 [D]. 台湾朝阳科技大学硕士毕业论文，2004.

[26] 李恒云，龙江智，程双双. 基于博物馆情境下的旅游涉入对游客游后行为意向的影响——旅游体验质量的中介作用研究 [J]. 北京第二外国语学院学报，2012（3）：54－64.

[27] 李华敏，崔瑜琴. 基于情境理论的消费者行为影响因素研究 [J]. 商业研究，2010（3）：163－166.

[28] 李建标，巨龙，任广乾，赵玉亮. 旅游体验研究的行为分析范式 [J]. 旅游学刊，2009（8）：12－16.

[29] 李晓琴. 旅游体验影响因素与动态模型的建立 [J]. 桂林旅游高等专科学校学报，2006，17（5）：609－611.

[30] 联合国教科文组织，2008年《实施保护世界文化与自然遗产公约的操作指南》官方中文版：79－86.

[31] 刘峰，佐斌. 群际情绪理论及其研究 [J]. 心理科学进展，2010，118（6）：940－947.

[32] 刘会燕. 古村落旅游地互动仪式与旅游体验质量相关性分析——以柯林斯互动仪式链理论为基础 [J]. 湖北经济学院学报（人文社会科学版），2010，7（12）：63－65.

[33] 刘建新，孙明贵. 顾客体验的形成机理与体验营销 [J]. 财经论丛，2006（3）：95－101.

[34] 赖斌. 基于游客体验的 ATCS 理论与实证研究 [D]. 西南交通大学博士论文, 2003.

[35] 龙江智. 从体验视角看旅游的本质及旅游学科体系的构建 [J]. 旅游学刊, 2005 (1): 21-26

[36] 龙江智. 老年旅游体验研究: 形态、层级与品质 [D]. 东北财经大学博士学位论文, 2008: 241-243.

[37] 楼尊. 参与的乐趣———一个有中介的调节模型 [J]. 管理科学, 2010, 23 (2): 69-76.

[38] 陆林, 焦华富. 山岳旅游者感知行为研究——黄山、庐山实证分析 [J]. 北京大学学报 (哲学社会科学版), 1993 (3): 41-46.

[39] 马凌. 社会学视角下的旅游吸引物及其建构 [J]. 旅游学刊, 2009, 24 (3): 69-74.

[40] 马小琴. 基于体验视角的消费者商业街惠顾行为研究 [D]. 吉林大学博士学位论文, 2010.

[41] Noel W. Smith 著, 郭本禹等译. 当代心理学体系 [M]. 西安: 陕西师范大学出版社, 2005.

[42] 潘莉. 旅游模仿的体验深度研究 [J]. 北京第二外国语学院学报, 2012 (9): 25-29.

[43] 彭兆荣. 民族志视野中 "真实性" 的多种样态 [J]. 中国社会科学, 2006 (2): 125-138.

[44] Pine, Gilmore 著, 夏业良等译. 体验经济 (第二版) [M]. 北京: 机械工业出版社, 2008.

[45] 沈向友. 旅行社服务质量与游客满意感影响因素分析 [J]. 旅游学刊, 1999 (5): 25-30.

[46] 施密特著, 刘银娜, 高靖, 梁丽娟译. 体验营销——如何增强公司及品牌的亲和力 [M]. 北京: 清华大学出版社, 2004.

[47] 粟路军. 旅游者忠诚影响因素的整合研究 [D]. 厦门大学博士学位论文, 2011.

[48] 粟路军, 黄福才. 旅游者参与带来了什么? 旅游者参与对其满意及忠诚的影响 [J]. 云南师范大学学报, 2010, 42 (5): 142-151.

[49] 孙根年. 论我国主题公园建设的几个理论问题 [J]. 陕西师范大学继续教育学报, 2006, 23 (2): 121-124.

[50] 迈克尔·R. 所罗门, 卢泰宏. 消费者行为学 (第6版) [M]. 北京: 电子工业出版社, 2006.

[51] 佟静, 张丽华. 旅游体验的层次性及影响因素分析 [J]. 辽宁师范大学学报. 2010 (1): 41-43.

[52] 王平, 陈启杰, 宋思根. 情境因素对网络社群中消费者生成内容行为的影响研究——以 IT 产品消费为例 [J]. 财贸经济, 2012 (2): 124-131.

［53］王毅菲．基于长三角地区对比实证分析的城市游憩商业区（RBD）深度体验研究［D］．浙江大学硕士学位论文，2007.

［54］王毅，郑军，吕睿．文化景观的真实性与完整性［J］．东南文化，2011（3）：13 - 17.

［55］温鹏飞．决定顾客抱怨行为的消费情境因素研究综述［J］．市场周刊，2007（12）：65 - 67.

［56］温韬．顾客体验对服务品牌权益的影响［D］．大连理工大学博士论文，2007.

［57］温韬．顾客体验理论的进展、比较及展望［J］．四川大学学报，2007（2）：133 - 149.

［58］吴明隆．结构方程模型——AMOS 的操作与应用［M］．重庆：重庆大学出版社，2009.

［59］吴明隆．问卷统计分析实务——SPSS 操作与应用［M］．重庆：重庆大学出版社，2010.

［60］吴月凤．商店气氛对消费者情绪与购买行为之影响研究——以高速公路服务区为例［D］．台湾高雄第一科技大学硕士毕业论文，2003.

［61］X. E. 瓦西留克著，黄明等译．体验心理学［M］．北京：中国人民大学出版社，1989.

［62］谢东华，郭本禹．Kantor 的交互行为主义评述［J］．常州工学院学报（社科版），2006，24（6）：25 - 29.

［63］谢彦君．基础旅游学（第二版）［M］．北京：中国旅游出版社，2004.

［64］谢彦君．旅游体验研究：一种现象学的视角［M］．天津：南开大学出版社，2005.

［65］谢彦君．旅游体验的情境模型：旅游场［J］．财经问题研究，2005（12）.

［66］谢彦君等．旅游体验研究——走向实证科学［M］．北京：中国旅游出版社，2010.

［67］徐伟，王新新．商业领域"真实性"及其营销策略研究探析［J］．外国经济与管理，2012，34（6）：57 - 65.

［68］杨春蓉．成都市宽窄巷子旅游体验实证分析［J］．西南民族大学学报（人文社科版），2010（9）：158 - 162.

［69］张红明．品牌体验类别及其营销启示［J］．商业经济与管理，2003（12）：22 - 25.

［70］张孝铭．游客对旅游目的地意象、环境知觉、旅游体验与重游意愿之研究——以清境农场为实证［J］．（台湾）休闲产业管理学刊，2008，1（3）：72 - 86.

［71］赵红梅，董培海．回望"真实性"：一个旅游研究的热点（下）［J］．旅游学刊，2012，27（5）：13 - 22.

［72］赵艳林．民族村寨游客服务质量感知量表的开发与构建［J］．四川师范大学学报（社会科学版），2012，39（4）：151 - 159.

［73］郑聪辉．旅游景区游客旅游体验影响因素研究［D］浙江大学硕士论文，2006.

［74］郑丹妮．购买情境对台北县金瓜石黄金博物馆园区卖店消费者之影响［D］．台湾

台南艺术大学硕士论文，2006.

［75］庄贵军，周南，李福安. 情境因素对于顾客购买决策的影响（一个初步的研究）［J］. 数理统计与管理，2003，23（4）：7－13.

［76］周芳. 餐饮连锁业顾客体验价值影响因素实证研究［D］. 湖南大学硕士论文，2009.

［77］周广鹏，余志远. 旅游体验：从视觉凝视到精神升华［J］. 商业研究，2011（12）：175－180.

［78］朱世平. 体验营销及其模型构造［J］. 商业经济与管理，2003（5）：25－27.

［79］朱晓辉. 海岛型旅游目的地游客体验质量评价研究［J］. 经济师，2010（12）：242－243.

［80］邹统钎，吴丽云. 旅游体验的本质、类型与塑造原则［J］. 旅游科学，2003（4）：7－10.

［81］邹统钎. 旅游景区开发与经营景点案例［M］. 北京：旅游教育出版社，2003.

［82］Alexander Brunner, Mike Peters. It is all the emotional state: Managing tourists' experience［J］. International Journal of Hospitality management, 2012, 31: 23－30.

［83］Allen, B. L. Situational Factors in Conformity, in Leonard Berkowitz, Advances in Experimental Social Psychology［M］. New York: Academic Press, 1965.

［84］Anne Buchmann. Experiencing film tourism authenticity & fellowship［J］. Annals of Tourism Research, 2010 (37), 1: 229－248.

［85］Ap. J & K. Wong. Case study on tour guiding: professionalism, issues an problems［J］. Tourism Management, 2001, 22: 551－563.

［86］Areni, C. S., Kim, D. The influence of in-store lighting on consumers' examination of merchandise in a wine store［J］. International Journal of Research in Marketing. 1994, 11 (2): 117－125.

［87］Arnould E. J., Price. L. K. River magic: extraordinary experience and the extended service encounter［J］. Journal of Consumer Research. 1993, 6 (20): 24－45.

［88］Bagozzi, R. P., G. Mahesh, and P. U. Nyer. The Role of Emotions in Marketing［J］. Journal of the Academy of Marketing Science, 1999 (27), 2: 184－206.

［89］Bagozzi, R. P. and Yi, Y. On the Evaluation of Structural Equation Models［J］. Journal of the Academy of Marketing Science, 1988, 16: 74－94.

［90］Baker. Crompoton. Quality, satisfaction and behavioral intentions［J］. Annals of Tourism Research, 2000, 27 (3): 785－804.

［91］Baker, Parasuraman, Grewal Voss. The influence of multiple store environment cues on perceived merchandise value and patronage intentions［J］. The Journal of Marketing, 2002, 66 (2): 120－141.

［92］Barker, R. G. Ecological psychology: Concepts and methods for studying the environment of human behavior [M]. Palo Alto: Stanford University Press, 1968.

[93] Barker, R. G. , Ecological Psychology [M]. Stanford: Stanford UniversityPress, 1968.

[94] Batra, R. and D. M. Stayman. The Role of Mood in Advertising Effectiveness [J]. Journal of Consumer Research, 1990, 17: 205 – 224.

[95] Belk, R. W. An exploratory assessment of situational effects in buyer behavior [J]. Journal of Marketing Research, 1974, 11, 156 – 163.

[96] Belk, R. W. Situational influence in consumer behavior. Unpublished manuscript, Temple University, 1974.

[97] Belk, R. W. Application and Analysis of the Behavior Differential Inventory for Assessing Situational Effects in Consumer Behavior, in Scott Ward and Peter Wright (eds.), Advances in Consumer Research [C]. Urbana: Association for Consumer Research, 1974.

[98] Belk, R. W. The Objective Situation as a Determinant of Consumer Behavior, in Mary Jane Schlinger (ed.) Advances in Consumer Research [C]. Chicago: Association for Consumer Research, 1975.

[99] Bellizzi, J. A. , Hite, R. E. Environmental color, consumer feelings, and purchase likelihood [J]. Psychology and Marketing, 1992, 9: 347-363.

[100] Bellows, R. Toward a Taxonomy of Social Situations, in Stephen B. Sells (ed.), Stimulus Determinants of Behavior [M]. New York: Ronald, 1963.

[101] Bell, D. & Valentine, G. Consuming geographies: We are what we eat [M]. London: Routledge, 1997.

[102] Bernd H. Schumitt. Experient ial Marketing [M]. New York: The Free Press, 1999.

[103] Bessiere, J. Local development and heritage: Traditional food and cuisine as tourist attractions in rural areas [J]. Sociologia Ruralis, 1998, 38: 21-34.

[104] Bigné J. E. , Andreu L. Emotions in segmentation [J]. Annals Tourism Research. 2004, 31 (3): 82-96.

[105] Bigne, J. E. , Andreu, L. , Gnoth, J. The theme park experience: an analysis of pleasure, arousal and satisfaction [J]. Tourism Management, 2005, 28 (6): 833-844.

[106] Bitner, M. J. Servicescape: The impact of physical surroundings on customers and employees [J]. Journal of Marketing, 1992, 56 (2): 57-71.

[107] B. Joseph Pine, James H. Gilmore. The Experience Economy [M]. Boston: Harvard Business School Press, 1999.

[108] Boniface, P. Tasting tourism: Travelling for food and drink [M]. BurlingtonVT: Ashgate, 2003.

[109] Bras, K. Image – building and guiding on Lombok: the social construction of a tourist destination [M]. Amsterdam: Tilburg University, 2000.

[110] Brown, Steven P. , William L. Cron and John W. Slocum, Jr. Effect of Goal – Directed

Emotions on Salesperson Volitions, Behavior, and Performance: A Longitudinal Study [J]. Journal of Marketing, 1997, 1: 39 – 50.

[111] Bruner, Edward M. , Barbara Kirshenblatt, Gimbleet. Tourist Realism in Fast Africa [C]. Cultural Anthropology, 1994.

[112] Byrne, C. , MacDonald, R. , Carlton, L. Assessing creativity in musical compositions: flow as assessment too. British Journal of Music Education, 2003, 20 (3): 277-290.

[113] Carbone, L. P. , Haeckel, S. H. , Berry, L. L. . How to lead the customer experience to create a total brand experience, firms must provide the right directions [J]. Marketing Management, 2003, 12 (1): 18 – 23.

[114] Carli, M. , DelleFave, A. , Massimi, F. The quality of experience in the flow channels. Comparison of Italian and U. S. students. In Optimal Experience. Psychological Studies of Flow in Consciousness [M]. NewYork: Cambridge University Press, 1988.

[115] Carlson. R. Experience cognition [M]. New York: Lawrence Erlbaum Associations, 1997.

[116] Chambers, E. Tourism and culture: an applied perspective [M]. Albany: State University of New York press, 1997.

[117] Chebat J – C, Michon R. Impact of ambient odors on mall shoppers'emotions, cognition, and spending: a test of competitive causal theories [J]. Journal of Business Research, 2003; 56: 529-539.

[118] Christopher Meyer, Andre Schwager. Understanding Customer Experience [J], Harvard Business Review, 2007, 2: 117-126.

[119] Clarke, S. G. , Haworth, J. Flow – experience in the daily lives of sixth – form college students [J]. British Journal of Psychology, 1994, 85 (4): 511-523.

[120] Clawon, M. , Knetschy, J. L. Alternatives method of estimating future use [J]. Economics of Ourdoor Recreation, 1969, 21 (7): 36.

[121] Clawson, M. Land and water for recreation: opportunities, Problems and policies [M]. Chicago: Rand Mc Nally, 1963.

[122] Clawson, M. and J. L. Knetsch. Economics of Outdoor Recreation [M]. Baltimore: Johns Hopkins Press.

[123] Cohen. A phenomenology of tourist experience [J]. Sociology, 1979, 13: 179 – 201.

[124] Cohen, S. Searching for escape, authenticity and identity: Experience of lifestyle travellers. In M. Morgan, P. Lugosi, &J. R. B. Ritchie (Eds), the tourism and leisure experience. Consumer and managerial perspectives [M]. Bristol, UK: Channel View Publications, 2010.

[125] Cohen, E. Authenticity, equity and sustainability in tourism [J]. Journal of Sustainable Tourism, 2002, 10: 267-276.

[126] Cohen, E. Authenticity and Commoditization in Tourism [J]. Annals of Tourism Research, 1988, 15: 371 – 386.

[127] Cohen, E. The tourist guide: the origins, structure and dynamics of a role [J]. Annals of Tourism Research. 1985, 12: 5 – 29.

[128] Cohen E. Toward sociology of international tourism [J]. Social Research. 1972, 39 (1): 64-89.

[129] Cohen E. Experience In J. Jafari (Ed.) Encyclopedia of Tourism [M]. London: Routledge, 2000: 215 – 216.

[130] Cohen, E. A Phenomenology of Tourist Experiences [J]. Sociology. 1979 13: 179-201.

[131] Cohen, E. Rethinking the Sociology of Tourism [J]. Annals of Tourism Research. 1979, 6: 18 – 35.

[132] Colin Shaw, John Ivens. Building great customer experience [M]. NewYork: Palgrave Macmillan, 2002.

[133] Cottrell, L. S. , Jr. Some neglected problems in social psychology [J]. American Sociological Review, 1950, 15: 705 – 712.

[134] Crang, M. Magic kingdom or a quixotic quest for authenticity [J]. Annals of Tourism Research, 1996, 23: 415-431.

[135] Csikszentmihalyi, M. Flow: The psychology of optimal experience [C]. Application of Video – Content Analysis and Retrieval. IEEE Multimedia (July-September), 2002: 42 – 55.

[136] Csikszentmihalyi. Beyond Boredom and Anx iety [M]. San Francisco: Jossey Bass, 1977.

[137] Csikszentmihalyi, M. Flow: The psychology of optimal experience-steps toward enhancing the quality of life [M]. New York: HarperCollins Publication, 1990.

[138] Cutler, S. Q. , Carmichael, B. A. The dimensions for the tourist experience. In M. Morgan, P. Lugosi &J. R. B. Ritchie (Eds), the tourism and leisure experience. Consumer and managerial perspectives [M]. Bristol, UK: Channel View Publications, 2010: 14.

[139] Davidson, J , Bondi, L. & Smith, M. . Emotional geographies [M]. Aldershot: Ashgate, 2005.

[140] Davis, Bagozzi & Warshaw. Extrinsic and intrinsic motivation to use computers in the workplace [J]. Journal of Applicad Social Psychology, 1992, 22 (14), 1111 – 1132.

[141] Desmet, P. M. A. Measuring Emotion: Development and Application of an Instrument to Measures Emotional Responses to Products [M]. In Funology: From Usability to Enjoyment, Blythe MA, Monk AF, Overbeeke K, Wright PC (eds.), NewYork: Kluwer Academic Publishers, 2003.

[142] De Rojas C. , Camarero C. Visitors′experience, mood and satisfaction in a heritage context: evidence from an interpretation center [J]. Tourism Management, 2008, 29 (3): 25-37.

[143] De Kadt. Tourism passport to development [M]. Oxford University Press, 1979.

[144] Deirdre O'Loughlin. From relationships to experience in retail financial service [J]. The International Journal of Bank Marketing, 2004, 22 (7): 522 – 539.

［145］Doanld L. Redfoot. Tourist authenticity, touristic angst, and modern reality［J］. Qualitative Sociology, 1984, 7: 292 – 309.

［146］Douglas B. Holt. Poststructuralist Lifestyle Analysis: Conceptualizing the Social Patterning of Consumption in Postmodernity［J］. Journal of Consumer Research, 1997, 23（4）: 326 – 350.

［147］Driver B. L. , Toucher, R. C. Toward a behavioral interpretation of planning［J］. Element of Outdorr Recreation Planning, 1970: 9 – 31.

［148］Dube, L. , and M. Morgan. Capturing the Dynamics of In – process Consumption Emotions and Satisfaction in Extended Service Transactions［J］. International Journal of Research in Marketing , 1998, 15: 309-320.

［149］Eastham, J. Valorizing through tourism in rural areas: Moving towards regional partnerships. In C. Hall, L. Sharples, R. Mitchell, N. Macionis, & B. Cambourne（Eds. ）, Food tourism around in the world: Development, management and markets［M］. Oxford: Butterworth-Heinemann, 2003.

［150］Ellis, G. D. , J. E. Voelkl, and C. Morris. Measurement and Analysis Issues with Explanation of Variance in DailyExperience using the Flow Model［J］. Journal of Leisure Research, 1994 26: 337 – 356.

［151］Engel, J. F. , D. T. Kollat, R. D. Blackwell. Personality Measures and Market Segmentation［J］. Business Horizons, 1969, 12: 61 – 70.

［152］Ennew C. , Binks R. Impact of participative service relationships on quality, satisfaction and retention: an exploratory study［J］. Journal of Business Research, 1999, 46（2）: 121 – 132.

［153］Ernest Sternberg. The iconographic of the tourism experience［J］. Annals of Tourism Reasearch, 1997, 24（4）: 951 – 969.

［154］Frederiksen, Norman, Jenson, Olie, Beaton, Albert E. Prediction of organizational behavior［M］. New York: Persgamon Press, 1972.

［155］Fredrickson, B. L. , & Branigan, C. A. Positive emotions broad the scope of attention and thought-action repertoires［J］. Cognition and Emotion, 2005, 19: 313-332.

［156］Gayle Jenning and Norma polovitz. Quality tourism experience［M］. Linacre House, Jordan Hill, Oxford , UK, 2006.

［157］Geary P. Scared commodities: The circulation of medieval relics: appadurai A. The social life of things［M］. Newyork: University of Cambridge Press, 1986. 169 – 191.

［158］Gnoth J. Tourism motivation and expectation formation［J］. Annals Tourism Research, 1997, 24（2）: 283-304.

［159］Goossens, C. Tourism information and pleasure motivation［J］. Annals Tourism Research, 2000, 27（2）: 01-21.

［160］Gordon, R. Foxall, M. Mirella Yai-de-Soriano. Situational influences on consumers' attitude and behavior［J］. Journal of Business Research, 2005, 58: 518 – 525.

[161] Graburn, N. H. H. Tourism: The sacred journey. In V. Smith (Ed.), Hosts and guests: The anthropology of tourism [M]. Philadelphia: University of Pennsylvania Press. 1989: 21-36.

[162] Grace, Aron O'Cass. Examining service experiences and post – consumption evaluations [J]. Journal of Services Marketing, 2004, 18 (6): 450 – 461.

[163] Graefe, A. R., and J. J. Vaske. A Framework for Managing Quality in the Tourist Experience [J]. Annals of Tourism Research, 1987, 13: 390 – 404.

[164] Groth, M. Managing service delivery on the internet: facilitating customers' coproduction and citizenship behav – iors in service [D]. A rizona: The University of Arizona, 2001. .

[165] Gurung, G., Simmons, D., and P. Devlin. The evolving role of tourist guides: the nepali experience. In R. Butler and T. Hinch (Eds.), Tousim and Indigenous People [M]. United kingdom: International Thomson Bussiness, 107 – 128.

[166] Ham, S. H. Toward a theory of cruise – based interpretive guiding. Journal of Interpretation Research. 2002, 7: 29 – 49.

[167] Handler, R., Saxton, W. Dissimulation: reflexivity, narration and the quest for authenticity in "living history" [J]. Cultural Anthropology, 1988, (3): 242 – 260.

[168] Hansen, F. Consumer choice behavior: A cognitive theory [M]. New York: The Free Press, 1972.

[169] Hatfield, E., Cacioppo, J. T. & Rapson, R. L. Emotional contagion [J]. Current Directions in Psychological Science 1993, 2 (3), 96 – 99.

[170] Haworth, J., Evans, S. Challenge, skill and positive subjective states in the daily life of a sample of YTS students [J]. Journal of Occupational and Organizational Psychology, 1995, 68 (2): 109 – 121.

[171] Hennig, C. Tourism: Enacting modern myths. In G. M. S. Dann (Ed.), The tourist as a metaphor of the social world [M]. Wallingford: CABI Publishing. 2002.

[172] Herrington, J. D., Capella, L. M. Practical applications of music in service settings [J]. Journal of Services Marketing. 1994, 8 (3): 50-65.

[173] Hirschman, C, B. Stern. The roles of emotion in consumer research [J]. Advance in Consumer Research, 1999, 26: 4 – 11.

[174] Hosany S., Gilbert D. Measuring tourists' emotional experiences toward hedonic holiday destinations [J]. Journal of Travel Research, 2010, 49 (4): 13-26.

[175] Hui, M. K., Bateson, J. E. G. Perceived control and the effects of crowding and consumer choice on the service experience [J]. Journal of Consumer Research, 1991, 18 (2): 174-184.

[176] Izard, C. E. Human emotions [M]. NewYork: Plenum, 1977.

[177] Jackson, P. Commodity cultures: The traffic in things [J]. Transactions of the Institute of British Geographers, 1999, 24: 95-108.

[178] J. Enrique. Emotions in segmentation: An empirical study [J]. Annals of Tourism Research, 2004, 31 (3): 682-696.

[179] Jennings, G. , B. Weiler. Mediating Meaning: Perspectives on Brokering Quality Tourism Experiences. In Quality Tourism Experiences [M]. Eds. Oxford: Elsevier Butterworth-Heinemann. 2006.

[180] Jennings, G. R. The travel experience of cruisers [C]. In Moppernam (Ed.) . Pacific Rim 2000: Issue, Interrelaitons, Inhibitors. London: CAB international, 1997: 94 – 105.

[181] Joar Vitterso, Marit Vorkinn. Tourist experience and attractions [J]. Annals of Tourism Research, 2000, 27 (2): 432 – 450.

[182] Jong – Hyeong Kim. Deterdiming the factors affecting the memorable nature fo travel experience [J]. Journal of travel& tourism marketing, 2010, 27: 780 – 796.

[183] Joseph D. Fridgen. Environmental psychology and tourism [J]. Annals of Tourism Research, 1984, 11: 19 – 39.

[184] Julie Otto & J. R. Brent Ritchie. The service experience in tourism [J]. Tourism Management, 1996, 3 (17): 165-174.

[185] Kahneman, D. , Krueger, A. B. , Schkade, D. , Schwarz, N. , & Stone, A. A. Toward national well-being accounts [J]. The American Economic Review, 2004, 94 (2): 429 – 433.

[186] Kantor, J. R, N. W. Smith. The science ofpsychology: An interbehavioral survey [M]. Chicago: principia, 1975.

[187] Kasmar, J. V. The Development of a Usable Lexicon of Environmental Descriptors [J]. Environment and Behavior, 1970, 2 : 133 – 169.

[188] Katherine B. Hartman, Tracy Meyer , Lisa L. Scribner. Culture cushion: inherently positive inter-cultural tourist experiences [J]. International Journal of Culture , Tourism and Hospitality Research, 2009 (3) 3: 259 – 268.

[189] Kerin, R. A, Jain, A. Howard, Store shopping experience and consumer price-quality-value perceptions [J]. Journal of retailing, 1992, 68: 376-397.

[190] Killion, K. L. Understanding tourism study guide [M]. Rockhampton: Central Queensland Unversity. 1992.

[191] Kim, H. , Sharron J. L. E. Atmosphere, emotional, cognitive, and behavioral responses [J]. Journal of Fashion Marketing and Management, 2010, 14 (3): 412 – 428.

[192] Klaus Weirmair, Matthias Fuchs. Measuring tourist judgment on service quality [J]. Annals of Tourism Reaserch, 1999 (26), 4: 1004 – 1021.

[193] Ladhari R. The movie experience: a revised approach to determinants of satisfaction [J]. Journal of Business Research, 2007, 60 (5): 54-62.

[194] Lau, R. Revisiting authenticity: a social realist approach [J]. Annals of Tourism Research, 2010, 37 (2): 478 – 498.

［195］Lavidge, R. J. The Cotton Candy Concept: Intra – Individual Variability［C］. In Lee Adler and Irving Crespi, Attitude Research at Sea, Chicago: American Marketing Association, 1966, 39 – 50.

［196］Lee, T. H. , Crompton, J. Measuring novelty seeking intourism［J］. Annals of Tourism Research, 1992, 19（4）: 732-751.

［197］Lengnick-Hall Cynthia A. Customer contributions to quality: Adifferent view of the customer – oriented firm［J］. Academy ofManagement Review, 1996, 21（3）: 791 – 824.

［198］Lewin, K. Environmental Forces in Child Behavior and Development, in Carl C. Murchison, Handbook of Child Psychology, second edition revised［M］. Massachusetts: Clark University Press, 1933.

［199］Liljander V. , Strandvik T. Emotions in service satisfaction［J］. International Journal of Service Industry Management, 1997; 8（2）: 148-169.

［200］Lis. P. and Daniel R. Mediating tourist experiences access to places via shared videos ［J］. Annals of Tourism Research, 2009, 1: 24 – 40.

［201］Litvin, S. Sensation seeking and its measurement for tourism research［J］. Journal of Travel Research, 2008, 46（4）, 440-445.

［202］Lutz, R. J. and P. K. Kakkar. The Psychological Situation as a Determinant of Consumer Behavior," in Mary Jane Schlinger（ed. ）, Advances in Consumer Research［C］Chicago: Association for Consumer Research, 1975.

［203］MacCannell, D. Staged authenticity : arrangements of social space in tourist settings ［J］. The American Journal of Sociology, 1973, 3: 589 – 603.

［204］MacCannell. The tourist: a new theory of the leisure class［M］. New York: Schocken, 1976.

［205］Mattila, Wirtz. The role of preconsumption affect in post – purchase evaluation of services ［J］. Psychology and Marketing, 2000, 17（7）: 587-605.

［206］McIntosh A. , Siggs A. An exploration of the experiential nature of boutique accommodation［J］. Journal of Travel Research, 2005, 44（1）: 74-81.

［207］M. A. Jones. Entertaining Shopping Experiences: An Exploratory Investigation［J］. Journal of Retailing and Consumer Services , 1999（6）: 129 – 139.

［208］Mannell, R. C. A Conceptual and Experimental Basis for Research in the Psychology of Leisure［J］. Society and Leisure 1979, 2: 179 – 196.

［209］Mano, H. , Oliver, R. L. Assessing the dimensionality and structure of the consumption experience: evaluation, feeling and determinants ［J］. Journal of Consumer Research, 1993, 20（3）: 451 – 466.

［210］Maria Laura Di Domenico , Graham Miller. Farming and tourism enterprise: Experiential authenticity in the diversification of independent small – scale family farming［J］. Tourism Management, 2012, 33: 285 – 294.

[211] Meethan, K. Tourism in global society: Place, culture, consumption [M]. Basing-stoke: Palgrave, 2001.

[212] Mehrabian, A. and J. A. Russell. An Approach to Environmental Psychology [M]. Cambridge: M. I. T. Press, 1974.

[213] Mehrabian, A. and J. A. Russell. The basic emotional impact of environments [J]. Perceptual and Motor Skills, 1974.

[214] Meyersohn, R. Tourism as a Socio – Cultural Phenomenon: Research Perspectives. Research Paper of the Research Group on Leisure and Cultural Development [M]. Waterloo: Otium Publications. 1981.

[215] Milgram. Stanley. The image freezing machine [J]. Transaction, 1976, 14: 7 – 12.

[216] Michaelidou, N., Dibb, S. Product involvement: an application in clothing [J]. Journal of Consumer Behaviour, 2006, 5: 442 – 453.

[217] Mittal, B., Lassar, W. M. The role of personalization in service encounters [J]. Journal of Retailing, 1996, 72 (1): 95-109.

[218] Morgan, M. Making space for experiences [J]. Journal of Retail and Leisure Property, 2006, 5 (4): 305-313.

[219] Morten H., Laerdal K., Gronenhaug, K. The design and management of ambience, implications for hotel architecture and service [J]. Tourism Management, 2007, 28 (5): 1315-1325.

[220] Moutinho, L. Consumer behavior in tourism [J]. European Journal of Marketing, 1987, 10: 3 – 44.

[221] Myunghwa Kang, Ulrike Gretzel. Effects of podcast tours on tourist experiences in a national park [J]. Tourism Management, 2012, 33: 440 – 455.

[222] Muchazondida Mikono. A netnographic examination of constructive authenticity in victoria falls tourist (restautant) experience [J]. International Journal of Hospitality Management, 2012, 31: 387 – 394.

[223] Murray, H. Toward a classification of interaction. In T. Parsons and E. A. Shils (Eds.). Toward a general theory of action [M]. Cambridge: Harvard University Press, 1952.

[224] Neumann, M. The trail through experience: Finding self in the recollection of travel. In: C. Ellis, & M. G. Flaherty (Eds.), Investigating subjectivity: research on lived experience [M]. London: Sage. 1992.

[225] Nguyen. N., G. Leblanc. Contact personnel, physical environment and the perceived corporate image of intangible services by new clients [J]. Journal of Service Management, 2002, 13 (3): 242 – 262.

[226] Novaktp. Measuring the customer experience in online environments: a structural model-

ing approach [J]. Marketing Science, 2000, 19 (1): 22 – 42.

[227] Oh, H. , Fiore, A. M. , Miyoung, J. Measuring experience economy concepts: tourism applications [J]. Journal of TravelResearch, 2007, 46 (2), 119-132.

[228] Olsen, K. Staged authenticity: A grand idea? [J]. Tourism Recreation Research, 2007, 32: 83 – 85.

[229] Otto, J. E. and Ritchie, J. R. B. Exploring the quality of the service experience: a theoretical and empirical analysis. in Bowen, D, Swartz, T and Brown, S (eds) Advances in Services Marketing and Management: Research and Practice [M]. Greenwich: JAI Press, 1995.

[230] Park M. , Sharron J. L. Brandname and promotion in online shopping contexts [J]. Journal of Fashion Marketing and Management, 2009, 13 (2): 149 – 160.

[231] Parasuraman, A. Measuring and monitoring service quality [C]. In: Glynn, W. J. and Barnes, J. G. (eds) Understanding Services Management. John Wiley & Sons, Chichester, 1995: 143 – 177.

[232] Parasuramanm, Zeithaml, Berry. A conceptual model of service quality and its implications for future research [J]. The Journal of Marketing, 1985, 49 (4): 41 – 50.

[233] Pearce. Tourist Behaviour: Themes and Conceptual Schemes [M]. Clevedon: Channel View Publications, 2005.

[234] Pearce, P. L. The social psychology of touristbehavior [M]. Oxford: Pergamon Press, 1982.

[235] Peter A. Witt & Doyle W. Bishop. Situational antecedent to leisure behavior [J]. Journal of Leisure Research, 2009, 41 (3): 337 – 350.

[236] Petty, R. E. and Cacioppo, J. T. Attitudes and Persuasion: Classic and Contemporary Approaches [M]. Westview Press, Colorado, 1996.

[237] Petty, R. E. , Cacioppo, J. T. , Schumann, D. Central and peripheral routes to advertising effectiveness: the moderating role of involvement [J]. Journal of Consumer Research, 1983, 10: 135 – 146.

[238] Peterson, R. , W. Hoyer, and W. Wilson. The Role of Affect in Consumer Behavior: Emerging Theories and Applications [M]. Lexington: D. C. Heath, 1986.

[239] Plog S. The power of psychographics and the concept of venturesomeness [J]. Journal of Travel Research, 2002, 40 (3): 44-51.

[240] Plutchik, R. . A Structural Model of the Emotions, In emotion: A psych evolutionary synthesis [M]. 1980, New York: Harper and Row: 152 – 172.

[241] Przeclawski, K. The Role of Tourism in Contemporary Culture [J]. The Tourist Review. 1985, 40: 2 – 6.

[242] Reisinger, C. , & Steiner, C. Reconceptualising object authenticity [J]. Annals of Tourism Research, 2006, 33 (1): 65 – 86.

［243］ Remye, Kopel S. Social Linking and Human Resources Management in the Service sector
［J］. The Service Industries Journal, 2002, 22 （1）: 35 – 56.

［244］ Richard C. Prentice, Stephen F. Witt, Claire Hamer. Tourism as experience : the case
of heritage parks ［J］. Annals of Tourism Research , 1998, 25 （1）: 1 – 24.

［245］ Richins, M. L.. Measuring emotions in theconsumption experience ［J］. Journal of Con-
sumer Research, 1997, 24: 127 – 146.

［246］ Rita Faullent, Kurt Matzler, Todd A. Mooradian. Personality, basic emotions, and satis-
faction: Primary emotions in the mountaineering experience ［J］. Tourism Management, 2011, 32:
1423 – 1430.

［247］ Robinson, M. D. , & Clore, G. L.. Belief and feeling: evidence for an accessibility mod-
el of emotional self – report ［J］. Psychological Bulletin, 2002, 128 （6）, 934 – 960.

［248］ Rodie, Kleine. Customer participation in services production and delivery ［C］. Hand-
book of Services Marketing and M anagem ent. Californ: Sage Pub lications, 2000: 111 – 125.

［249］ Rosenbaum, M. Assiah. When customers receive support from other customers: exploring
the influence of inter-customer social support on customer voluntary performance ［J］. Journa l of Serv-
ice Research, 2007, 9 （3）: 257 – 270.

［250］ Rotter, J. B. The role of the psychological situation in determining the direction of human
behavior. In M. R. Jones （Ed. ）, Nebraska symposium on motivation ［M］. Lincoln: Universityof Ne-
braska Press, 1955: 245 – 269.

［251］ Rucker, D. D. , and R. E. Petty. Emotion Specificity and Consumer Behavior: Anger,
Sadness, and Preference for Activity ［J］. Motivation and Emotion, 2004 （28）, 1: 3 – 21.

［252］ Russell W. Belk. Situatioanl variables and consumer behavior ［J］. Journal of Consumer
Research, 1975, 2 （3）: 157 – 164.

［253］ Russell, J. A. and P. Geraldine, A description of affective quality attributed to enviro-
ments ［J］. Journal of Personality and Social Psychology, 1980 （38）, 2: 311 – 322.

［254］ Ryan, Chris, Recreation tourism: a social science perspective, London:
Routledge, 1991.

［255］ Ryan, C. & Deci. E. Self – determination theory and the facilitation of intrinsic motiva-
tion, social development, and well – being ［J］. American Psychology, 2000, 35 （4）, 667 – 688.

［256］ Ryan, C. The time of our lives' or time for our lives: An examination of time in holida-
ying. In C. Ryan （Ed. ）, The tourist experience: a new introduction ［M］. London: Cassell. 1997:
194-205.

［257］ Sameer Hosany, Girish Prayag. Patterns of tourists'emotional responses, satisfaction, and
intention to recommend ［J］. Journal of Business Research, 2011, 66 （6）: 730-737.

［258］ San Martín H. , Bosque I. R. Exploring the cognitive-affective nature of destination image
and the role of psychological factors in its formation ［J］. Tourism Management, 2008; 29 （2）:

263-277.

[259] Schmitt, B. H. , Experience Marketing: How to get consumer sense, feel, think, act, and relate to your company and brands [M]. 1999, New York: The Free Press, 1999.

[260] Schoefer K. , Diamantopoulos A. A typology of consumers′emotional response styles during service recovery encounters [J]. British Journal of Management, 2009, 20 (3): 292 – 308.

[261] Schuchat M. Comforts of group tours [J]. Annals of Tourism Research, 1983, 10: 465 – 477.

[262] Schutz, A. The phenomenology of the social world [M]. Chicago: Northwestern University Press, 1967.

[263] Schwarz, N. Feelings as information: Informational and motivational functions of affective states. In T. E. Higgins & R. M. Serpentine (Eds.), Handbook of motivation and cognition [M]. New York: Guilford. 1990: 527 – 561.

[264] Schwarz, N. , & Strack, F. Reports of subjectivewell – being: Judgmental processes and their methodologicalimplications. In Kahneman, D. , Diener, E. , & Schwarz, N. (Eds.), Well – being: The Foundations of Hedonic Psychology [M]. New York: Russell – Sage Foundation. 1999.

[265] Sells, S. B. Dimensions of Stimulus Situations Which Accounts for Behavioral Variance [M]. in Stephen B. Sells (ed.), Stimulus Determinants of Behavior, New York: Ronald, 1963.

[266] Shields, R. Places on the Margin: Alternative Geographies of Modernity [M]. London: Routledge, 1991.

[267] Shuai Quan, Ning Wang. Towards a structural model of the tourist experience: an illustration from food experience in tourism [J]. Tourism Management, 2004, 25: 297 – 305.

[268] Silpakit P. , Fisk R. Participating the service encounter. In: Bloch TM, Upah GD, Zeithaml VA. Services marketing environment American marketing; proceedings series [C]. American Marketing Association, Chicago, 1985: 117 – 121.

[269] Smith, M. , Duffy, R. The Ethics of Tourism Development [M]. London: Routledge, 2003.

[270] Smith, V. Host and Guests: The Anthropology of Tourism [M]. Oxford: Blackwell. 1978.

[271] Steinbach, J. Tourism [M]. Oldenbourg: München. 2003.

[272] Stone, A. A. , Schwartz, J. E. , Schwarz, N. , Schkade, D. A. , Krueger, A. , & Kahneman, D. A population approach to the study of emotion: Diurnal rhythms of a working day examined with the Day Reconstruction Method [J]. Emotion, 2006, 6: 139 – 149.

[273] Suanna Curtin. Managing the wildlife tourism experience: the importance of tour leaders [J]. International Journal of Tourism Research, 2010, 12: 219 – 236.

[274] Swarbrooke, J. & Horner, S. Consumer behavior in tourism [M]. Oxford: Butterworth – Heinemann, 2000. Woodside, A. G. et al. Consumer psychology of tourism, hospitality and leisure. Ox-

on: Wallingford, 2000.

[275] Tai SHC, Fung AMC. Application of an environmental psychology model to in-store buying behavior [J]. International Review of Retail Distribution & Consumer Research, 1997: 7 (4): 311-37.

[276] Taylor, J. P. Authenticity and sincerity in tourism [J]. Annals of Tourism Research, 2001, 28 (1): 7 – 26.

[277] Tussyadiah, Fesenmaier. Mediating tourist experiences: access to places via shared videos [J]. Annals of Tourism Research, 2009, 36 (1): 24-40.

[278] Urry, J. The tourist gaze: Leisure and travel in contemporary societies [M]. London: Sage, 1990.

[279] Vallee, P. Authenticity as a Factor in Segmenting the Canadian Travel Market. Masters Thesis, University of Waterloo. 1987

[280] Van, D. A. G. Sightseers: the tourist as theorist [J]. Diacritics, 1980, 10: 2-14.

[281] Vincent Wing Sun Tung, J. R. Brent Ritchie. Exploring tourism experience sought: a cohort comparison of baby boomers and the silent generation [J]. Journal of Vacation Marketing, 2008, 14 (3): 237 – 254.

[282] Vincent Wing, J. R. Brent. Exploring the essence of memorable tourism experiences [J]. Annals of tourism research, 2011, 3: 1 – 20.

[283] Voelkl, J. E. The Challenge Skill Ratio of Daily Experiences among Older Adults Residing in Nursing Homes [J]. Therapeutic Recreational Journal, 1990, 24: 7 – 17.

[284] Voelkl, J. E. , Ellis, G. D. Measuring flow experiences in daily life: an examination of the items used to measure challenge [J]. Journal of Leisure Research, 1998, 30 (3): 380-390.

[285] Volkart, E. H. Introduction: Social behavior and the defined situation [M]. In E. H. Volkart (Ed.), Social behavior and personality: Contributions of W. I. Thomas to theory and social research. New York: Social Science Research Council, 1951.

[286] Vukonic, B. Tourism and religion [M]. Oxford: Pergamon, 1996.

[287] Walsh, G. , Shiu, E. , Hassan, L. M. Emotions, store-environmental cues, store-choice criteria , and marketing outcomes [J]. Journal of Business Research, 2011, 64 (7): 737 – 744.

[288] Wang, N. Rethinking authenticity in tourism experience [J]. Annals of tourism research, 1999, 2: 349 – 370.

[289] Ward, S. and T. S. Robertson. Consumer Behavior Research: Promise and Prospects [C]. In Scott Ward and homas S. Robertson, Consumer Behavior: Theoretical Sources. Englewood Cliffs: Prentice – Hall, 1973: 3 – 42.

[290] Watson, D. , L. A. Clark, and A. Tellegen. Development and Validation of Brief Measures of Positive and Negative Affect: The PANAS scales [J]. Journal of Personality and Social Psychology, 1988, 54: 1063 – 1070.

［291］Westbrook R. A. , Oliver R. L. The dimensionality of consumption emotion patterns and customer satisfaction ［J］. The Journal of Consumer Research , 1991: 18 (1): 84-91.

［292］Wirtz, J. , and J. Bateson. Consumer Satisfaction with Services: Integrating the Environment Perspective in Services Marketing into the Traditional Disconfirmation Paradigm ［J］. Journal of Business Research, 1999, 44: 55-66.

［293］Woodside, A. G. , et al. Consumer psychology of tourism, hospitality and leisure ［M］. Oxon: Wallingf rd, 2000.

［294］Yalch, R. F. , Spangenberg, E. R. The effects of music in a retail setting on real and perceived shopping times ［J］. Journal of Business Research, 2000, 49 (2): 139-147.

［295］Yeoman, I. , Brass, D. , & McMahon – Beattie, U. Current issues in tourism: The authentic tourist ［J］. Tourism Management, 2006, 28: 1128-1138.

［296］Yiping Li. Geographical consciousness and tourism experience ［J］. Annals of Tourism Research, 2000, 27 (4): 863 – 883.

［297］Yi Y. , Gong. The effect of customer justice perception and effect on customer citizenship behavior and customer dysfunctional behavior ［J］. Industrial Marketing Management, 2008, 37 (7): 767 – 783.

［298］Yong-Ki Lee, Choong-Ki Lee, Seung-Kon Lee, Barry J. Babin. Festivalscapes and patrons′ emotions, satisfaction, and loyalty ［J］. Journal of Business Research, 2008, 61: 56 – 64.

［299］Young Ha, Sharron J. Lennon. Effects of site design on consumer emotions: role of product involvement ［J］. Journal of Research Interactive Marketing, 2010, 4 (2): 80 – 96.

［300］Youngdahl W. E. , Kellogg D. L. The relationship between service custome′ s quality assurance behaviors, satisfaction and effort: a cost of quality perspective ［J］. Journal of Operations Management, 1997, 15 (1) : 19 – 32.

［301］Yuksel A. , Yuksel F. Measurement of tourist satisfaction with restaurant services: asegment-based approach ［J］. VacationMarketing, 2002, 9: 17-52.

［302］Yu X. , Weiler, B. , S. Ham (2001) . Intercultural communication and mediation: a framework for ananluzing intercultural competence of Chinese tour guides ［J］. Journal of Vacation Marketing, 2001, 8 (1): 75 – 87.

［303］Zaichkowsky. Conceptualizing involvement ［J］. Journal of Advertising, 1986, 15 (2): 4 – 14.

［304］Zeelenberg M. , Pieters R. Beyond valence in customer dissatisfaction: a review and new findings on behavioral responses to regret and disappointment in failed services ［J］. Journal of Business Research, 2004, 57 (4): 45-55.